智库 中社
国家智库报告　2017（28）
National Think Tank
国 际 问 题 研 究

中非关系中的话语权建设：
经验、挑战与启示

贺文萍　袁武　著

THE CONSTRUCTION OF DISCOURSE POWER IN CHINA-
AFRICA RELATIONS: EXPERIENCE, CHALLENGES AND
ENLIGHTENMENT

中国社会科学出版社

图书在版编目（CIP）数据

中非关系中的话语权建设：经验、挑战与启示／贺文萍，袁武著.—北京：中国社会科学出版社，2017.1
（国家智库报告）
ISBN 978 – 7 – 5203 – 0845 – 8

Ⅰ.①中…　Ⅱ.①贺…②袁…　Ⅲ.①中外关系—宣传工作—研究—非洲
Ⅳ.①D822.34

中国版本图书馆 CIP 数据核字（2017）第 205541 号

出 版 人	赵剑英	
责任编辑	王　茵	
特约编辑	范晨星	
责任校对	朱妍洁	
责任印制	李寡寡	

出　　版	中国社会科学出版社
社　　址	北京鼓楼西大街甲 158 号
邮　　编	100720
网　　址	http://www.csspw.cn
发 行 部	010 – 84083685
门 市 部	010 – 84029450
经　　销	新华书店及其他书店

印刷装订	北京君升印刷有限公司
版　　次	2017 年 1 月第 1 版
印　　次	2017 年 1 月第 1 次印刷

开　　本	787 × 1092　1/16
印　　张	7.75
插　　页	2
字　　数	105 千字
定　　价	36.00 元

摘要： 从新中国成立到改革开放前的 30 年，中国在非洲话语权建设的成功是与当时中国对非外交所处的时代背景和国际环境以及前 30 年中国对非外交的战略及实施分不开的。其在思想和战略上的成功可主要归纳为两个方面：第一，思想上高度重视非洲的地位与作用，中非政治基础十分牢固（包括中非在政治和外交上的相互声援和支持；以亚非会议为契机和突破口，推动中非外交关系的建立和发展；周总理三访非洲所产生的广泛影响和巨大感召力，等等）；第二，舍得投入，采取了大力援助、民间外交、媒体投放等多元化战略。如 20 世纪 70 年代中国帮助非洲建设的坦赞铁路不仅是中非友谊的丰碑，而且也作为中国对非洲无私援助的代表而为中国赢得了国际声誉。因此，有美国学者认为，中国在 20 世纪 60—70 年代所赢得的国际影响远远高于其物质力量所能提供的水平，中国通过慷慨而没有条件的对外经济和技术援助，为中国争得了国际影响并成为能够影响世界局势发展的一个主要发言人。

当前中非关系中的话语权建设面临来自西方"批评"、非洲"担忧"以及中非间相互了解和沟通严重不足等诸多挑战。要迎接挑战，必须从历史和过去的经验中吸取智慧和养分。从早期中国对非外交话语权建设的成功经验可得出对当今及今后中非关系话语权建设的 6 个方面的有益启示：第一，坚持中非关系中一贯秉承的平等互利、合作共赢的理念与原则，用正确义利观指引"升级版"的未来中非关系；第二，培育和夯实发展中非关系的新的政治基础，用"中国机遇论"取代"中国新殖民主义论"；第三，加大对非援助力度，特别是要增加人道主义援助的比重；第四，话语权建设还需要讲好"中国发展"以及"中国如何帮助非洲发展"这"两个故事"；第五，大力推进中非民间交往和公共外交，提高中国在非洲的话语权、"软实力"和影响力；第六，综合运用传统媒体和新媒体的作用，主动塑造中国形象。

总之，历史是照亮未来的一面镜子。未来中非关系中的话语权建设必须是"双向车道"，即通过中国人的眼睛看非洲以及非洲人的眼睛看中国，通过中国与非洲的媒体来共同讲述中非合作的真实和生动故事。在构建新时代的中非媒体伙伴关系的过程中，需要秉承开放包容和共享的"丝路精神"来打造中非媒体间的"互联互通"，即一方面争取在西方主流媒体上多发表有关中非关系的正面报道，另一方面积极打造中非媒体的自主平台，通过该平台在国际媒体界影响力的扩大来提高中国与非洲媒体的舆论引导力、传播力和公信力。

Abstract: The first 30 years from the birth of the People's Republic of China (PRC) until the adoption of "reform and open-up" policy, the success of China's discourse power construction in Africa was closely related with the context of the international environment in that era and the implementation of China's foreign policy in Africa. In general, the success was mainly benefitted from two aspects: First, China attached great attention to Africa and enjoyed very solid political foundation with Africa, such as political and diplomatic mutual support, establishing and expanding diplomatic recognition after the Bandung Conference in 1955, Premier Zhou En-lai visiting Africa and its deep impact, etc. ; Second, China was willing to invest and had taken a diversification strategy including aid providing, people-to-people diplomacy, and media placement, etc. For example, Tanzania Zambia Railway (namely the Tazara Railway project) which built in 1970s has not only served as a symbol of China-Africa friendship, but also won the international reputation for China for its generous assistance for African development. Therefore, there are American scholars believe that China's international influence was much higher than its real material power could provide in the 1960 – 1970s. They believe that China won the global influence through the non-conditional and generous foreign economic and technical assistance, and eventually made China being a main speaker for international affairs.

At present, there are many challenges facing for China's discourse power construction in Africa, such as the double public opinion challenges from "the Western criticism" and "the African concerns", as well as the lack of mutual understanding and communication between African and Chinese. In order to face the challenges, we have to get the wisdom and experience from the history and past. The experience from the first 30 years after PRC was born can give us enlightenment from six aspects: First, in terms of policy and guiding principles, we should always uphold the principles of equal and mutual benefit, win-win cooperation with Africa, correct handling of the relationship between "justice and profit" when we are moving into the upgraded China-Africa relations; Second, cultivate and ram the new political consensus and base for China-Africa relations, to use "Chinese opportunity theory" replace so-called "Chinese new Colonialism"; Third, increase the humanitarian assistance and aid for improving people's livelihood in Africa; Fourth, the discourse construction needs to identify the emphasis and entry points for "telling good Chinese story" both from "how China develops itself" and "how China helps African development"; Fifth, promote people-to-people diplomacy and public diplomacy, to improve China's soft power and the discourse construction power in Africa; Sixth, to give a full play of the role of both traditional and new media, to portray the Chinese image in an active way.

In conclusion, history can serve as a mirror and light for illuminate the future. The future discourse power construction in China-Africa relations must be a "two-way street", namely, to see Africa from Chinese eyes and see China from African eyes, to tell the true and vivid story of China-Africa cooperation directly from China-Africa own media, rather than the third ones. In the process of building new era China-Africa media partnership relations, we need to embrace the "silk road spirit" which calling for openness inclusiveness, creativeness and connectivity. In other words, on one side, we should try our best to publish more positive stories of China-Africa relations in the mainstream western media; Meanwhile, on the other side, we should establish our own China-Africa media platform to guide the public opinion, promote the communication and improve China-Africa media credibility and global media influence.

目　　录

前　言

　　中非友谊是老一辈中、非领导人携手共同创建的。在 20 世纪 50—70 年代，中非政治关系紧密，中国倡导的和平共处五项原则和第三世界理论等在非洲国家产生了广泛共鸣并得到支持。中国被视为非洲最值得信赖的"全天候朋友"，是非洲民族解放和巩固经济独立的重要外部支持力量。进入 21 世纪以来，中非经贸关系有了空前的大发展，对非贸易和投资都频创历史新高，但中非关系发展的舆论环境却出现了与早期不同的变化。一方面是西方舆论的攻击和描黑，把中国重视发展对非关系看作出于对石油等战略资源的争夺和所谓的"新殖民主义"；另一方面，受西方舆论的影响，来自非洲的失望和误解情绪也在增加，担忧甚至批评中国在非洲搞"新殖民主义"的言论也有一定市场。中国在非洲的话语权建设为何从早期（即从建国到改革开放前的 30 年）到当下会有如此巨大的变化？这一变化产生的国际格局以及国际舆论环境的背景是什么？我们又应从这一变化中得到哪些方面的经验与启示？这些就是本报告要研究的主要问题。

一 前 30 年中国对非外交所处的时代背景和国际环境

（一）前 30 年中国外交面临的总体国际环境

1949 年 10 月，中华人民共和国宣告成立。新中国成立时，美苏冷战正向全球蔓延。欧洲殖民帝国摇摇欲坠，殖民地人民正处于黎明前的黑暗。新中国成立后的 30 年，冷战开始并不断发展到最高潮。美苏之间的冷战从对抗、竞争到争霸，欧洲殖民帝国逐渐崩塌，大批殖民地获得民族解放和国家独立。值此风云变幻之际，国际社会分裂为资本主义阵营、社会主义阵营以及未加入两大阵营的不结盟国家。到 20 世纪 70 年代，美苏开始在全球争霸，对亚非拉新兴国家的争夺日趋白热化。总而言之，新中国成立后的 30 年间国际环境主要呈现以下几个特点。

1. 第二次世界大战改变了国际力量的对比和世界格局

第二次世界大战打破了战前的国际力量平衡，德国、日本和意大利被打败，英国和法国也受到了极大的削弱，而美国和苏联则成为世界新格局的受益者。战后，美国代表的资本主义受到广泛认可；苏联的社会主义也得以生存和发展，并受到了欢迎，在世界范围内扩大了自己的影响。① 美苏争夺的加剧加强了他们之间的对抗，同时也强化了两极格局体制。

除了大国的力量发生了深刻的变化，世界政治格局亦发生了重要改变。战争加剧了各国政治的左倾进程，各国国内政治格局的变动对战后世界格局产生了重要的影响。欧洲与很多第三世界国家的共产党与左派组织在反对法西斯的斗争中增强了自己的影响并巩固了地位。战后很多国家的共产党和左派政党或通过合法方式参与政治，或通过武装斗争夺取政权。以美国为首的资本主义阵营和以苏联为首的社会主义阵营逐渐陷入了冷战和相互竞争的局面。随着美苏实力的此消彼长，美苏之间从对抗、竞争最终走向了争霸。

2. 美苏冷战和两种社会制度的竞争

第二次世界大战导致国际关系发生了深刻的变化。欧洲大国中，英国和法国虽然取得了反法西斯战争的胜利，但是在战争中遭到重创，其殖民地开始纷纷走上独立之路。德国、日本和意大利作为挑起战争的罪魁被彻底击败，德国还被战胜国分区占领。以欧洲为中心的国际关系格局已经被彻底打破，美国和苏联因

---

① 刘金质：《冷战史》，世界知识出版社 2003 年版，第 6—7 页。

在反法西斯战争中作出的巨大贡献，成为战后数一数二的政治军事大国。美苏形成了战后的两极，并通过《雅尔塔宣言》建立了合法的两极体制。

战争打破了战前的世界经济体系。战前世界经济体系基本上可以划分为相互孤立、封闭的6大经济集团，① 即以美国为首的美洲经济区、英帝国的英镑区、法兰西殖民帝国的法郎区、德国统治和控制的中东欧经济区、日本的"大东亚共荣区"和苏联。这些国家互设财政和贸易壁垒，阻碍了世界经济和国际贸易的发展。战争打破了这一经济格局。通过布雷顿森林体系和世界贸易组织等制度架构，美国建立了以美元为中心的国际金融体系和以自由贸易为基础的国际贸易体系，以保障和促进世界资本主义的发展。而苏联则奉行"两个平行市场"理论，建立了包括苏联、中东欧社会主义国家、中国和朝鲜等亚洲社会主义国家在内的社会主义市场。一些新兴民族国家亦采纳苏联的经济模式，希望借此快速实现本国的现代化。由此，战后形成了以美苏为首的两大阵营在政治、军事、意识形态上的相互对抗，以及在社会制度和经济上相互竞争的冷战格局。

3. 大批新兴民族国家获得独立

战争结束后，老牌帝国主义殖民国家受到了极大

---

① 刘金质：《冷战史》，世界知识出版社2003年版，第6页。

的削弱，动摇了殖民体系的根基。在反法西斯战争中，殖民地人民的思想逐渐觉醒，力量日渐壮大，反对殖民统治、争取民族独立的斗争开始普遍展开。亚洲和非洲的大批殖民地逐步实现了民族解放和国家独立。

战后的民族解放和国家独立斗争对战后国际关系的发展产生了积极而深远的影响。亚非拉的民族解放和国家独立运动在政治上要求独立，在经济上要求摆脱殖民经济控制，在社会上要求根除殖民影响，对帝国主义、殖民主义造成严重的打击。此外，由于殖民地国家遭受了欧洲帝国主义殖民国家上百年的殖民侵略和掠夺，而这些殖民帝国大多为西欧资本主义国家，使得很多殖民地在独立的时候选择社会主义制度甚至照搬苏联模式，并且倾向于与社会主义国家发展友好关系。

非洲国家独立后面临着如何振兴民族经济的严峻挑战。在这一问题上，独立后的非洲国家选择了不同的发展道路。有的选择走自由资本主义道路；有的则声称走"不左不右"的中间道路，即有计划的自由主义；还有不少国家由于历史的纠葛和现实的窘境，选择了"非资本主义道路"，声称自己奉行的是所谓的"非洲社会主义"，同时还强调这是一种有别于苏联和中国模式的社会主义，要"在资本主义体系的山坡和社会主义的山坡所形成的这个山谷中开辟出一条道路来"。先后有 24 个非洲国家宣布走"社会主义道路"，但各自走上社会主义的途径却大相径庭，其中有的是通过武装斗争的方式，有的是通过进步的军事政变或人民革命的方式，但更多的还是在以和平方式获得独立后走上了社会主义道路。①

4. 新兴民族国家逐渐崛起，成为国际政治中的一支重要力量

冷战开始后，大批亚非拉国家获得独立。这些国家在独立之前多为欧洲殖民列强的殖民地或半殖民地。新兴民族国家获得独立之后，为了维护民族独立和国家主权，在国际上团结合作，成为反帝、反殖和反霸的主力军。第二次世界大战结束之后，美苏之间日益加剧的冷战对峙局势，严重威胁着亚非国家的独立与安全。由于帝国主义国家对中间地带的争夺，亚非地区成为世界上各种矛盾和冲突集中的地区。许多亚非新兴民族国家从维护民族独立和国家主权出发，在对外政策方面，坚持执行和平、中立和不结盟政策，拒绝参加侵略性军事集团，反对在自己国家领土上建立外国军事基地。越来越多的亚非国家认识到，为维护政治独立，发展民族经济与文化，有必要加强国际合作，并要求与中国等社会主义国家建立和发展友好关

---

① 杨显生：《非洲社会主义简介》，环球视野，2014 年 10 月 23 日，http://www.globalview.cn/readnews.asp? newsid=10151。

系。1955 年，亚非国家在印度尼西亚万隆召开亚非会议；1964 年，77 国集团成立；1974 年，联合国大会通过了 77 国集团提出的《关于建立国际经济新秩序的宣言》。为了支持殖民地国家摆脱殖民统治，新兴民族国家先后从物质、精神和道义上支持殖民地人民要求民族独立的斗争。随着越来越多的亚非拉国家独立，他们日益成为维护世界和平与稳定的一支重要力量。

总体来看，新中国成立后前 30 年的国际环境与当下国际环境相比，有两个有利于新中国开展对非外交的优势。

第一，国际话语权领域出现竞争，社会主义相较资本主义甚至占据一定的优势。新中国成立后的前 30年，社会主义阵营的发展和壮大使得国际力量对比发生重要变化。直到 20 世纪 90 年代初冷战结束之前，社会主义国家由于其同情弱小民族，支持弱小民族反帝反殖与反对强权的斗争，对亚非拉争取独立的社会精英具有强烈的吸引力。社会主义阵营的壮大吸引了大批新兴民族国家。资本主义则与殖民主义、帝国主义相关联，带有"原罪"色彩。

冷战结束后，随着苏联东欧社会主义阵营的瓦解，以美国为首的资本主义阵营开始主导国际社会，并强行将非洲纳入到自己主导的国际体系中。以美国为首的西方阵营开始主宰国际话语权，并妖魔化社会主义阵营国家。作为社会主义国家的中国也被妖魔化成独裁专制政权。

第二，美苏两大阵营对抗之外出现了"中间地带"，给中国对非外交带来了巨大的空间。新中国成立之后，最初倒向了以苏联为首的社会主义阵营，使得美国对中国实行"封锁"与"制裁"。然而随着国际形势的发展，中国与苏联之间在主权、意识形态等领域产生了巨大分歧。20世纪60年代初，中苏关系破裂，中国开始游离于分别以美苏为首的两大阵营之外。为了扩大自己的外交阵地，打破美苏对于世界事务的垄断，中国开始积极发展与新兴民族国家之间的关系。虽然美苏都加紧了对"中间地带"国家的争夺，但是仍有众多的新兴民族国家走上了不结盟的道路。

（二）新中国外交形势的变化

新中国成立后，面临的国际环境在不同的时期是有所变化的，主要分为三个阶段：第一阶段是20世纪50年代，中国采取了"一边倒"的外交政策，加入了以苏联为首的社会主义阵营，并因此遭到美国的敌视和封锁。第二阶段为60年代采取的是既反美又反苏的外交政策即"两个拳头出击"。第三个阶段为70年代之后，中美关系缓和，中国逐渐采取"联美抗苏"的外交政策。总体而言，中国先后受到了以美国为首的资本主义阵营和以苏联为首的社会主义阵营的敌视、封锁和威胁。中国成为受到两大阵营"孤立"的一个独立的政治力量。

1. 20 世纪 50 年代新中国成立初期的国际环境

20 世纪 50 年代新中国成立初期的国际环境，一方面是社会主义国家和各国人民的友好和善意，另一方面是以美国为首的资本主义国家的敌视与封锁。另外，也有一些国家，虽然对社会主义中国不够了解，但愿意同中国建立正常的关系。1949 年 9 月举行的中国人民政治协商会议，代表全国人民的意志，组成了中央人民政府，宣告了中华人民共和国的成立，也规定了政府和人民所需要共同遵守的准则——《共同纲领》。在 1954 年国家宪法颁布之前，它起着临时宪法的作用。《共同纲领》规定了国家生活各方面的政策和基本原则，包括处理对外事务的政策和基本原则。

《共同纲领》第一章总纲第十一条规定："中华人民共和国联合世界上一切爱好和平、自由的国家和人民，首先是联合苏联、各人民民主国家和各被压迫民族，站在国际和平民主阵营方面，共同反对帝国主义侵略，以保障世界的持久和平。"中国虽然决定加入社会主义阵营，但是仍然将非洲等地区的新兴民族国家视为可以争取的同盟军，作为外交战略的重要基石。

在这个阶段，中国开始与亚非拉新兴民族国家逐渐接触，相互了解，并与一些非洲国家建立了外交关系。中国和印度、缅甸共同提出了契合当时时代背景的"和平共处"五项基本原则，并推动了1955年万隆会议的召开。在会上，周恩来总理提出的"求同存异"的建议得到与会各国的赞同，在求同存异精神的指导下通过了万隆会议十项原则，推动了亚非新兴国家之间的团结与合作。万隆会议扩大了中国的外交影响。万隆会议之前，中国与非洲国家并未建立外交关系。万隆会议后，埃及决定与新中国建立外交关系。1956年，中国与埃及建交，开启了中非关系的历史新篇章。

2. 20世纪60年代中苏关系恶化，中国受到了两大阵营的孤立、封锁和威胁

20世纪50年代末期，中苏因为主权以及意识形态的问题发生了争执，最终导致中苏两党、两国关系破裂，中国退出了以苏联为首的社会主义阵营。中苏关系破裂的原因众说纷纭，但这一事件至少表明中国加入社会主义阵营是以独立自主为前提的，不是依附于某个大国。但是中国外交面临的国际环境进一步恶化，中国外部不仅受到美国的遏制、封锁与威胁，亦受到苏联的直接军事威胁。正因为受到了两大阵营的孤立，中国开始加强对非洲等新兴国家的外交，既增添了发展中非关系的动力，也为此后中非关系的发展奠定了坚实的基础。

由于上述国际环境的变化，中国共产党放弃了"一边倒"的外交战略，提出了团结广大的亚非拉国家，反对帝国主义、修正主义和各国反动派，推进世界革命的新战略。结果是中国逐渐走上了同时与美苏两个大国对抗的道路。整个20世纪60年代，"反两霸"是中国外交的主旋律和对外关系的特点。这个时期，新中国的外交战略被形象地比喻为"两个拳头打人"，这是新中国成立后中国外交战略的第一次调整。然而，中国外交上采取"反帝反修"的"两条线"战略，"四面出击"，甚至提出"世界革命"的口号，也给当时的中国外交带来了极大的负面影响。

3. 20世纪70年代中美关系开始缓和，中国逐渐采取"联美抗苏"的外交政策

20世纪60年代末，中国与苏联发生多起边界冲突，中苏关系日渐恶化。苏联更是于20世纪70年代在中苏、中蒙边界陈兵百万，直接威胁到中国的安全。20世纪60年代，随着美国陷入越南战争的泥潭，美苏的战略态势出现了"苏攻美守"的角色互换。20世纪70年代，美国日益处于劣势，苏联开始在全球采取咄咄逼人的攻势。中美双方为了抗衡苏联霸权主义的威胁，放弃了意识形态的分歧，开始缓和两国关系。

1971 年 4 月，中国邀美国乒乓球队访华，"小球转动了大球"，"乒乓外交"开启了中美间的非官方接触。同年 7 月，时任美国总统国家安全事务助理基辛格博士秘密访华，直接促成了 1972 年尼克松总统访华和 1979 年中美正式外交关系的建立。

二 前30年中国对非外交的战略及实施

新中国成立初期所面临的国际环境，一方面是社会主义国家和各国人民的友好和善意，一方面是以美国为首的反动势力的敌视和侵略。另外，也有一些国家，虽然对社会主义中国不了解，但愿意同中国建立正常的关系。新中国作为一个新兴国家，不仅要为抛弃旧中国的外交传统，建立新中国独立、自主、平等的对外关系而努力，还要在国际斗争中确立正确的立场，即团结社会主义国家，争取新兴民族国家和各国民主力量，为反对帝国主义的侵略政策和战争政策，保卫世界和平而斗争。随着国际形势的变化，中国先后遭到分别以美国、苏联为首的两大阵营的孤立、敌视甚至军事威胁。新中国成立后前30年的国际环境决定了非洲国家在中国外交中占有重要地位。

（一）中国对非外交的战略

历史上，中国和非洲都曾经沦为帝国主义的半殖民地或殖民地。共同的苦难经历把中非人民紧紧地联系在一起。赢得民族独立和民族解放以后，中国与非洲国家又面临着相同的任务和挑战，即发展民族经济，实现经济现代化；维护国家主权独立和领土完整，反对帝国主义、殖民主义、种族主义和霸权主义；维护世界和平，反对大国主宰世界、强权政治，加强和发展同第三世界的友好合作关系，加强南南合作，建立公正、合理的国际政治经济秩序。正是这些相似的历史境遇、相同的任务和共同立场，中国始终将非洲视为反帝、反殖、维护世界和平的一支重要力量，对非洲人民争取民族解放和国家独立、维护国家主权和经济独立的斗争给予无私的帮助，推动了中非友好关系的全面发展。

中国根据时代的不同和国际环境的变化，提出了一些大的外交战略构想，包括非洲国家在内的广大第三世界国家都是这些外交战略的最重要的基石。

1. 从"中间地带"理论到"三个世界"理论

毛泽东同志在1946年首先提出"中间地带"理论。当时，世界各国人民都担心美苏之间爆发战争。1946年8月，毛泽东在会见美国记者安娜·路易斯·斯特朗时指出，"美国和苏联中间隔着极其辽阔的地带，这里有欧、亚、非三洲的许多资本主义国家和殖民地、半殖民地国家。美国反动派在没有压服这些国家之前，是谈不到进攻苏联的"①。毛泽东认为，只有处于"中间地带"的国家和人民联合起来，反对美国的侵略和扩张，才能避免第三次世界战争。1962 年，根据形势的发展，毛泽东将"中间地带"理论进一步发展为"两个中间地带"理论。

1962 年 1 月，毛泽东提出："社会主义阵营算一个方面，美国算另一个方面，除此之外，都算中间地带。"② 同时，他将中间地带国家划分为四种性质不同的类别：殖民地国家；被剥夺了殖民地，但仍有强大垄断资本的国家；真正取得了独立的国家；取得了名义上的独立，实际上仍然是附属国的国家。1963 年，毛泽东又将这四类国家概括为"两个中间地带"。其中一个是亚、非、拉，另一个是欧洲。1964 年，他又进一步指出："亚洲、非洲、拉丁美洲是第一中间地带；欧洲、北美、加拿大、大洋洲是第二中间地带，日本也属于第二个中间地带。"③

"中间地带"理论为中国外交工作确定了战略目标。一是中国必须加强同亚、非、拉等被压迫的广大经济落后国家的团结和合作，坚决反对帝国主义的战争政策；二是必须继续坚持和加强独立自主的原则立

---

① 《和美国记者安娜·路易斯·斯特朗的谈话》（1946 年 8 月 6 日），《毛泽东选集》第 4 卷，第 1193 页。

② 中国外交部和中共中央文献研究室：《毛泽东外交文选》，中央文献出版社 1994 年版，第 487 页。

③ 同上书，第 510 页。

场，反对任何大国的控制，捍卫国家独立和民族尊严；三是必须在平等互利的原则基础上，继续改善和发展与西方资本主义国家的关系，为社会主义建设赢得良好的国际环境。这一时期，中国除加强同"第一中间地带"国家的合作外，还加强了同"第二中间地带"国家的联系与合作。①

1974 年 2 月 22 日，毛泽东在会见赞比亚总统卡翁达时指出："美国、苏联是第一世界。中间派，日本、欧洲、澳大利亚、加拿大，是第二世界。""亚洲除了日本，都是第三世界。整个非洲都是第三世界，拉丁美洲也是第三世界。"② 由此，毛泽东正式提出了"三个世界划分"理论。1974 年 4 月 10 日，邓小平代表中国政府在联合国第六届特别会议发言中，全面系统地阐述了毛泽东的"三个世界划分"理论。

毛泽东的战略思想指明了两个超级大国是当时造成世界不安和动乱的主要根源，他们推行霸权主义和强权政治，以大欺小，以强凌弱，以富压贫，从而激起第三世界国家的强烈反对，也引起第三世界国家的极大不满。中国作为第三世界国家的一员，坚决支持第三世界国家反对霸权主义的斗争，支持第二世界国家反对超级大国干涉和控制的斗争。中国坚决反对超

---

① 乔潮、姬友文：《从"中间地带"理论到"三个世界"划分理论》，《西安航空技术高等专科学校学报》2010 年第 4 期，第 3—4 页。

② 中国外交部和中共中央文献研究室：《毛泽东外交文选》，中央文献出版社 1994 年版，第 600—601 页。

级大国的扩张主义政策，对美国实行又联合又斗争的方针，侧重打击苏联霸权主义，有效地牵制了苏联的扩张主义势力。

目前国内学界一般认为，"三个世界"理论是从"中间地带"理论发展而来。在这两个战略中，无论是作为"第一中间地带"国家还是"第三世界"国家，包括非洲国家在内的广大发展中国家始终是中国为反殖、反帝、反霸和维护世界和平而团结和争取的最重要的"同盟军"。

2. "一条线、一大片"的外交战略构想

20世纪70年代，中国实施"一条线、一大片"的外交战略。1973年2月17日，毛泽东在会见美国总统特使基辛格时明确提出"一条线"外交战略。毛泽东说道："我说要搞一条横线，就是纬度，美国、日本、中国、巴基斯坦、伊朗、土耳其、欧洲。"毛泽东提出"一条线"外交战略，即从中国、日本经巴基斯坦、伊朗、土耳其到欧洲再到美国这一条线上的国家联合抗苏，形成国际反霸统一战线。随后，1974年1月5日，毛泽东在会见日本外务大臣大平正芳时又提出"一大片"的构想。"一大片"指"一条线"周围的国家，其目的是团结"一条线"和"一大片"的所有国家，共同对付苏联的扩张势头。在"一条线、一大片"战略指导下，20世纪70年代中国联美反苏，建立了包括美国在内的国际反霸统一战线，从而有效地遏制了苏联对中国的严重威胁，并摆脱此前 20 世纪 60 年代在国际上所处的孤立地位。①

（二）　中国实施对非战略的主要举措

1. 通过民间外交推动中非关系发展

从中华人民共和国成立到 20 世纪 50 年代初期，由于非洲绝大多数国家还未获得独立，因而这一时期中国和非洲之间主要以民间交往居多。这一时期，随着非洲人民争取民族独立和解放的斗争日益兴起，他们希望了解中国革命的经验，而新中国也对非洲人民反帝反殖以及反对种族主义的斗争满怀同情。中华人民共和国成立后，以美国为首的西方大国对中国实行包围、封锁，采取各种措施阻挠中国与非洲及其他地区的国家发展关系。但是不少非洲国家和地区的一些工会、青年和妇女组织以及其他群众性组织纷纷派遣代表或者代表团访问中国，或与中国建立联系。这些广泛的接触和联系，增进了中国人民与非洲人民之间的相互了解和友谊。

直到万隆会议召开后，中国和非洲国家间政治关系的发展才有了实质性的突破。1955 年 4 月 18—24

---

① 陶季邑：《美国关于中国 20 世纪 70 年代"一条线、一大片"外交战略研究述评》，《武汉科技大学学报》（社会科学版）2014 年第 2 期。

日，29 个亚非国家和地区的政府代表团在印度尼西亚万隆召开亚非会议，因在万隆召开，因此又被称作万隆会议。这是亚非国家第一次在没有殖民国家参加的情况下讨论亚非人民切身利益的大型国际会议。中国由周恩来总理率领代表团出席本次会议。会议本着求同存异的精神，讨论了民族独立和主权、反帝反殖斗争、世界和平以及与会各国的经济和文化合作等问题。经过充分的协商，会议一致通过了包括经济合作、文化合作、人权和自决、附属地人民问题、促进世界和平与合作的宣言等内容的《亚非会议最后公报》。其中《关于促进世界和平与合作的宣言》，提出了处理国际关系的十项原则。这十项原则体现了亚非人民为反帝反殖、争取民族独立、维护世界和平而团结合作、共同斗争的崇高理想和愿望，被称为"万隆精神"。会议期间，中国代表团和埃及、埃塞俄比亚、苏丹、黄金海岸（今加纳）、利比里亚、利比亚等国代表团进行了会见和深入交流，促进了中非双方的相互了解，增进了友谊。1956 年 5 月，埃及率先宣布正式承认中华人民共和国，并与中国建立外交关系。中埃建交揭开了当代中非关系史的新篇章。1960 年 9 月，几内亚总统塞古·杜尔应中国国家主席刘少奇邀请，率几内亚政府代表团对中国进行友好访问。塞古·杜尔总统是当代第一个访问中国的非洲国家领导人。

2. 提出了一系列体现中非之间平等、友好、互利的新型关系的国际规范

周恩来总理早在 20 世纪 50 年代中期就率先提出并和印度、缅甸两国领导人共同倡导和平共处五项原则，在亚非万隆会议上同其他与会国领导人共同倡导万隆会议十项原则。1963 年年底至 1964 年年初，周恩来总理对非洲十国的访问堪称新中国外交史上建立中非新型关系的"开山之旅"。在这次访问中，周恩来总理提出了中国同非洲国家发展关系的五项原则和中国对外经济技术援助的八项原则①，奠定了中国同非洲

---

① 中国与非洲和阿拉伯国家关系五项原则：（一）支持非洲和阿拉伯各国人民反对帝国主义和新老殖民主义、争取和维护民族独立的斗争。（二）支持非洲和阿拉伯各国政府奉行和平中立的不结盟政策。（三）支持非洲和阿拉伯各国人民用自己选择的方式实现统一和团结的愿望。（四）支持非洲和阿拉伯国家通过和平协商解决彼此之间的争端。（五）主张非洲国家和阿拉伯国家的主权应当得到一切其他国家的尊重，反对来自任何方面的侵犯和干涉。中国对外经济技术援助八项原则：（一）中国政府一贯根据平等互利的原则对外提供援助，从来不把这种援助看成是单方面的赐予，而认为援助是相互的。（二）中国政府在对外提供援助的时候，严格尊重受援国的主权，绝不附带任何条件，绝不要求任何特权。（三）中国政府以无息或者低息贷款的方式提供经济援助，在需要的时候延长还款期限，以尽量减少受援国的负担。（四）中国政府对外援助的目的，不是造成受援国对中国的依赖，而是帮助受援国逐步走上自力更生、经济上独立发展的道路。（五）中国政府帮助受援国建设的项目，力求投资少、收效快，使受援国政府能够增加收入，积累资金。（六）中国政府提供自己所能生产的、质量最好的设备和物资，并且根据国际市场的价格议价。如果中国政府所提供的设备和物资不合乎商定的规格和质量，中国政府保证退换。（七）中国政府对外提供任何一种技术援助的时候，保证做到使受援国的人员充分掌握这种技术。（八）中国政府派到受援国帮助进行建设的专家，同受援国自己的专家享受同样的物质待遇，不容许有任何特殊要求和享受。

国家之间互相尊重、完全平等、互利合作、真诚相待、友好相处、相互支持的新型关系的基础。

周恩来总理在访问中所展示的完全尊重与坚决支持非洲国家维护本国的独立、主权和内政的正义立场，想他们所想、急他们所急、帮他们所需的无私忘我精神和磊落坦荡、肝胆照人、谦虚谨慎及一切为对方着想的泱泱大国政治家风范，如春风化雨，浸润着长期饱受殖民主义欺压、凌辱的非洲人民的心田，风靡和感动了所有受访国家乃至整个非洲大陆。在非洲一时兴起了一股"周恩来热"和"中国热"。

周恩来总理提出和参与倡导的所有这些原则的精神实质是完全一致的，包含了反映时代和历史进步要求的三个突出特征。其一，突出了各国在国格上一律平等、国家主权神圣不可侵犯、不干涉内政、和平解决国际争端，和各国互相尊重、互利合作、和平共处等现代国际关系的基本要素。其二，强调大国必须尊重和维护中小国家的独立自主地位和选择自己的社会制度、发展道路及决定本国内外政策的权利。在东西方两大集团对抗的格局下，尤其强调要尊重中小国家奉行和平、中立、不结盟政策。其三，强调中国对非援助是建立在平等互利的基础上，而不是单方面的恩赐，不附加任何条件与特权，援助的目的是帮助受援国提高自力更生、独立发展的能力，而不是造成它们对中国的依赖。中国正是根据周恩来总理这些指导方针对非洲国家提供了慷慨无私的援助。这些原则同以大欺小、以强凌弱、以富压贫的强权政治与"丛林法则"彻底划清了界限，体现了国际关系发展的真正本质，是新型国家秩序赖以建立的法理与道义基础，完全符合非洲国家的利益、愿望与要求，受到他们的热烈欢迎与赞同。更为重要的是，周恩来总理身体力行，领导中国政府严格遵守与忠实实践这些原则。建立在周恩来总理亲自倡导和提出的上述正确原则基础上的中非关系是一种新型的国际关系，是大国正确对待与处理同中小国家关系的范例。因此，非洲国家普遍认为中国是当今世界上对他们最真诚无私、真正平等相待和真正尊重、重视他们的唯一大国，是他们最可信赖的朋友。他们因而把发展对华关系作为其对外政策的重点。①

3. 支持非洲人民争取民族解放和国家独立的斗争

1958 年，正在进行民族独立战争的阿尔及利亚派遣军事代表团访华，要求中国提供军援。中国政府同意了这一请求。据统计，1958—1963 年，中国共向阿方提供枪炮 15 万件。② 20 世纪 60 年代和 70 年代上半

---

① 尹承德：《周恩来与中非关系》，《国际问题研究》2006 年第 6 期。

② 徐伟忠：《中国参与非洲的安全合作及其发展趋势》，《西亚非洲》2010 年第 11 期。

期，莫桑比克、安哥拉等葡属殖民地人民和南部非洲津巴布韦、纳米比亚人民分别开展了反对殖民统治和反对白人种族主义统治的武装斗争。毛泽东等老一辈中国领导人向这些非洲朋友表示，我们是兄弟朋友，受苦受难的人应该互相帮助。中国政府通过非洲统一组织解放委员会以及各解放组织驻非洲国家的机构对其予以各类援助。莫桑比克等国后来获得独立，长期以来一直感谢中国政府和人民对他们民族解放的大力支持。据非洲统一组织解放委员会公布的统计数字，1971—1972 年，非洲解放运动自非洲以外获得的武器援助，中国占 75%，苏联占 23.5%。

自万隆会议至 1963 年，是非洲民族解放运动最为高涨的时期，在此期间先后有 29 个非洲国家获得独立。中国政府和人民对非洲国家和人民争取和维护民族独立的斗争给予了深深的同情和热情的支持，对获得独立的 29 个非洲国家表示热烈祝贺并率先承认。1958 年 4 月，周恩来总理致电加纳总理恩克鲁玛并转达非洲独立国家会议，热烈祝贺会议在反对殖民主义、争取非洲国家的民族独立、反对种族歧视、增进非洲各国人民友好合作和维护世界和平的事业上取得的成功。1960 年 4 月 12 日，由中国 17 个全国性人民团体联合发起，在北京成立了中国非洲人民友好协会。它的宗旨是增进中国人民与非洲人民之间的友好关系，组织中国人民支持非洲人民的斗争。1960 年 7 月 3 日，北京人民举行了盛大集会，向获得独立的非洲国家和人民表示热烈祝贺。中国亚非团结委员会主席廖承志在集会上指出："中国过去、现在、将来始终是非洲人民最可靠的朋友。为了反对共同的敌人，让我们团结在一起，并肩前进。"

4. 坚决支持非洲人民反帝、反殖和反对种族主义的斗争

1949 年中华人民共和国成立后，获得解放的中国人民十分关心和支持正在进行民族独立解放运动的非洲人民，而非洲人民也殷切地希望中国支持他们反殖反帝和反对种族隔离制度的斗争。1952 年，埃及纳赛尔领导"自由青年军官"组织推翻了法鲁克王朝的统治。以英国为首的西方大国为了扼杀新政权，拒绝购买埃及的重要出口产品棉花，造成埃及仓库存棉大量积压，使其面临严重的经济困难。1953 年 4 月，埃及政府委托商人昆地访华。经过商谈，双方达成了中国购买埃及棉花的协议，缓解了埃及的经济困难，支持了埃及人民维护主权独立的斗争。

1963 年 5 月 22—26 日，在埃塞俄比亚首都亚的斯亚贝巴举行非洲国家首脑会议，成立了"非洲统一组织"。会议所通过的《非洲统一组织宪章》宣布，其宗旨是：促进非洲国家统一和团结，加强非洲

国家在政治、外交、经济、文化、军事等各方面的合作，保卫和巩固非洲国家的独立以及主权与领土完整，从非洲根除一切形式的殖民主义，促进国际合作。中国人民对此感到非常高兴。1963年5月21日，周恩来在向会议致电祝贺时，表示"愿会议对促进非洲国家友好合作和非洲各国人民反对新老殖民主义、争取和维护民族独立，以及加强亚非团结和保卫世界和平的事业做出新贡献"。在中国和其他支持非洲正义事业的国家的坚定支持下，非洲人民经过艰苦斗争，逐渐摆脱了殖民主义统治，实现了国家独立和民族解放。

白人种族主义是殖民主义的一种形式，一些非洲国家表面上脱离殖民主义宗主国独立了，如南非共和国和罗得西亚共和国（今津巴布韦），实际上以白人种族主义形式保持了外来白色人种及其后裔对占国家人口绝大多数的黑色人种土著居民的直接剥削、压迫和统治。种族隔离和种族歧视政策冒犯人类尊严和感情，远远背离当今的历史潮流，遭到了非洲人民和世界人民的共同憎恶、谴责和反对。中华人民共和国成立之后，中国政府和人民一贯坚定支持非洲人民反对种族隔离和种族歧视的正义斗争。

早在1952年1月，周恩来总理在给南非印度人大会的电报中就指出："站起来的中国人民完全理解并深切同情南非的非白色人民以及一切受压迫民族的苦难，相信他们一定能够在持久不渝的斗争中求得自由幸福与解放。"为了坚决支持南非人民的反种族主义斗争，中国政府一直未同南非白人种族主义政权建立任何政治和外交关系。从 1960 年 7 月起，中国断绝了和南非白人当局的经济和贸易往来。1963 年 7 月 15 日，新华社受权发表声明，重申中国政府将继续不同白人种族主义政权发生任何经济贸易关系。

1966 年，罗得西亚掀起了反对白人种族主义、争取黑人多数民主权利的武装斗争。中国人民除了政治声援之外，还对津巴布韦人民的武装斗争给予了坚决支持。为了支持南非、纳米比亚和津巴布韦人民的斗争，非洲前线国家付出了很大力量。他们常常因此遭到南非和罗得西亚白人种族主义政权的政治压力、经济封锁，甚至军事挑衅。中国人民不但直接给津巴布韦人民的武装斗争以支援，也给前线国家如赞比亚、坦桑尼亚、莫桑比克等国以积极支援。赞比亚前总统卡翁达说："中国是南部非洲同殖民主义、法西斯主义和种族主义进行斗争的爱国力量的主要支持者之一。中国对莫桑比克、安哥拉和津巴布韦人民的支持对这些国家的解放起了决定性的作用。前线国家为解放力量提供了战略基地和后勤支援，而中国对前线国家的宝贵支持也是促使这一地区被压迫人民取得历史性胜利的一个不可缺少的决定性因素。"①

5. 向非洲提供经济技术援助，维护新生国家的经济独立

为了帮助新生的非洲国家争取和巩固政治独立，维护国家独立和主权，摆脱外国的控制和干涉，中国决定向非洲国家提供经济技术援助。1956 年 6 月 28 日，周恩来总理谈到对外援助政策时说："中国是一个刚刚解放不久的国家。我们的经济还很落后，我们在经济上还没有完全独立。因此，我们的经济力量是有限的，我们主要地还是通过贸易的途径同其他国家进行经济合作。但是，由于我们认识到，经济上的独立对于巩固政治上的独立具有重要的意义，我们在自己进行经济建设的同时，也愿意在可能的范围内贡献我们的微薄力量，帮助其他国家的经济发展。"② 1957 年 3 月，周恩来总理在全国政协二届三次全体会议的报告中进一步指出："目前，中国在力所能及的范围内，正在向某些亚非国家提供一些经济援助。这些援助就其数量来说是极其微小的，然而是不附带任何条件的，这表示了我们帮助这些国家独立发展的真诚愿望。"对

① 谢益显主编：《中国外交史：中华人民共和国时期（1949—1979）》，河南人民出版社 1988 年版。

② 周恩来：《关于我国的外交政策和解放台湾问题》（1956 年 6 月 28 日），2016 年 12 月 28 日，http://cpc.people.com.cn/GB/64184/64186/66662/4493079.html。

发展中国家进行经济技术援助后来成为中国的一项长期政策。中国的对外援助有自己的特点，第一，急朋友之所急，即根据非洲国家的需要决定援建项目；第二，中国的经济援助不附加任何政治条件，从不用经济援助向非洲国家施加压力。这两点是中国对非援助一直坚持的重要原则。

　　中国对外经济技术援助八项原则开创了国际经济关系中平等互利、真诚合作的典范，受到了广大非洲受援国的广泛赞誉。1964 年 6 月，中国和坦桑尼亚政府签订了第一个经济技术合作协定，中国援建了印染厂、农具厂、农场等项目。20 世纪 60—70 年代，在援外八项原则指导下，中国对非洲国家的援助迅速扩大。到 1979 年，非洲已经有 44 个国家与中国签订了经济合作协定。这一时期，中国对非洲经济技术援助主要是成套项目援建，中国援建了一大批项目，包括阿尔及利亚盖尔玛陶瓷厂、卢旺达闪电火柴厂、塞拉利昂体育场、喀麦隆议会大厦等，其中最著名的是 20 世纪 70 年代坦赞铁路的修建。我国援建的坦赞铁路，成为连接坦桑尼亚和赞比亚的一条主要交通干线，特别是为赞比亚的重要出口物资——铜，提供了一条新的可靠的出海通道，打破了南非种族主义政府的封锁，为坦赞两国的经济发展创造了有利条件，也有助于支持当时南部非洲的民族解放运动。同时，坦赞铁路也促进了南部非洲地区的经济发展。

6. 支持非洲国家建立国际政治经济新秩序的要求

第二次世界大战结束前，各大国遵循实力原则和利益原则，以划分势力范围的形式，建立了具有强烈地缘政治色彩的雅尔塔秩序。这一国际秩序相比之前的国际秩序虽有了巨大的进步，是凝聚着世界人民与法西斯极端统治浴血奋战的成果，但该秩序确实没有摆脱霸权主义和强权政治的阴影，因而被称为国际政治经济旧秩序。国际经济旧秩序指的是以发达资本主义国家剥削和掠夺发展中国家和欠发达国家为特征的不平等的国际经济秩序，包括以不合理的国际分工为基础的国际生产秩序、以不平等交换为特征的国际贸易秩序、以垄断为基础的国际金融秩序等。国际政治旧秩序指的是以霸权主义和强权政治为特征的国际政治秩序。

中国一贯支持第三世界国家建立国际政治经济新秩序的主张，并且为之做出过杰出贡献。1974 年，邓小平在第六次特别联大上第一次系统地提出了中国关于建立国际政治经济新秩序的主张：第一，在和平共处五项原则基础上建立起国家之间的政治经济关系；第二，国际经济事务应由世界各国共同管理；第三，世界贸易应当建立在平等互利、互通有无的基础上；第四，对发展中国家的经济援助不附带任何政治军事条件，应尊重受援国的主权；第五，国际社会应更多地对发展中国家提供技术援助；等等。

第二次世界大战后，发展中国家为了改变在旧的国际经济秩序中所处的不利地位，为民族经济的发展创造有利的国际环境，反对国际垄断资本的控制和剥削，进行了长期不懈的斗争。1974 年 4 月，在联合国第六届特别会议上，通过了《关于建立国际经济新秩序宣言》和《关于建立新的国际经济秩序行动纲领》，其基本原则就是在主权平等、和平共处的基础上，建立互相合作、平等互利的国际经济关系。这标志着发展中国家争取建立新的国际经济秩序的斗争进入了一个新的阶段。

综上所述，和平共处五项基本原则、万隆精神和周恩来总理访问非洲时提出的中国与非洲和阿拉伯国家相互关系五项原则、中国对外经济技术援助八项原则，构成了中非平等友好互利的基本规范和准则。中国对非政策的奠基要追溯到毛泽东、周恩来等第一代领导人。虽然当时"软实力"一词并未出现，但是当时的中国对非政策却与软实力外交的内涵高度契合。当时中国经济实力并不强大，但中国坚决支持非洲国家争取民族独立和经济独立的斗争，反对霸权主义，并为发展中国家仗义执言，从而获得了非洲国家的信任和尊敬，扩大了自己在非洲的影响力。而 20 世纪

50—70 年代的中非友好关系甚至变成了当前中国对非软实力外交的一项重要资源。现在的中国与非洲领导人提到的"中非传统友谊"或者"非中传统友谊",实际上就是对那个时代中非关系的美好回忆。①

———————

① 袁武:《中国对非洲软实力外交初探》,《西亚非洲》2013 年第 5 期。

三 前 30 年中国对非外交话语权建设所取得的经验：思想与战略

（一）思想上高度重视非洲的地位与作用，中非政治基础十分牢固

在经济全球化的今天，很多国人对非洲重要性的理解往往局限在非洲的丰富资源以及广阔市场、投资机遇等经济层面。但在新中国成立后的头 30 年，由于当时的时代背景和国际环境，非洲在中国外交战略中的地位及重要性则主要体现在政治和外交层面。中非在反帝、反殖和反种族主义斗争中的相互同情和相互支持成为这一时期中非关系最重要和最坚实的政治基础。非洲人民的反帝、反殖斗争可以牵制企图遏制新中国的西方势力的力量，同时可以打破西方对新中国的外交孤立和封锁。

1. 中非是命运共同体，政治和外交上相互声援和支持

近代中国与非洲各国均遭受了西方殖民主义和帝国主义的侵略和奴役，有过类似的历史遭遇和共同命运，因此，争取民族解放和国家独立的中非人民对彼此取得的斗争胜利都会感到由衷的欢欣鼓舞。1949 年 10 月，当新中国成立的消息传来，后来成为坦桑尼亚开国总统的尼雷尔曾评价说："四万万受奴役受压迫的中国人民当家作主，在亚洲的东方站起来了，对非洲民族独立解放运动是很大的鼓舞。"① 在 20 世纪 50—60 年代，对非洲发生的埃及人民反对英、法侵略的苏伊士运河战争、阿尔及利亚反对法国殖民统治的民族解放战争和有联合国军卷入的刚果事件，中国始终站在非洲人民一边，在自己经济处于极端困难的情况下，不仅从道义上、物质上和财力上对非洲民族解放运动给予支持，而且对阿尔及利亚民族解放战争提供军事援助，帮助阿方训练其军事人员。当阿尔及利亚共和国临时政府在 1958 年 9 月宣布成立时，中国很快成为第一批承认该政府的国家。当时法国政府曾表示愿同中国建立外交关系，以换取中国停止对阿尔及利亚武装斗争的支持。但中国政府明确指出，我们决不能为改善同法国的关系而不支持阿尔及利亚人民的正义斗争。中国坚持反帝反殖的原则立场，赢得了非洲国家的好评。20 世纪 60—70 年代，中国对葡属殖民地安哥拉和莫桑比克的民族独立运动给予了积极支持，向安哥拉的 3 个民族解放组织提供了大

---

① 陈敦德：《探路之行：周恩来飞往非洲》，世界知识出版社 1999 年版，第 4 页。

量军事援助，派出教官帮助训练莫桑比克解放阵线的游击战士。另外，中国一直从道义、舆论和行动上积极支持南非和南部非洲其他国家人民反对白人种族主义的正义斗争。早在 60 年代初，中国就与南非非洲人国民大会和阿扎尼亚泛非主义者大会建立了正式关系，向他们提供经济援助和培训干部，为促成南非种族隔离制度的最终崩溃发挥了积极作用。

同样，非洲国家和人民对中国维护国家主权和统一的正义事业也给予深切同情和积极支援，并为中国恢复在联合国的合法席位做出了重要贡献。1958 年 8 月，中国炮轰金门，惩罚蒋介石对我东南沿海的骚扰。对此，非洲国家和人民表示了充分的理解和支持。埃及总统纳赛尔不仅公开表态支持，埃及《共和国报》还发表了坚决支持的评论文章。由于非洲友好国家的支持，1963 年 2 月，在坦桑尼亚举行的第三届亚非人民团结大会通过了一项决议："强烈谴责美帝国主义占据中国领土台湾、积极支持蒋介石集团在中国东南沿海地区进行骚乱和破坏。"① 为了支持中国的统一大业，并在台湾问题上坚持一个中国的立场，一些非洲国家（如赞比亚、马里和乌干达等）在获得独立后，对前来游说的台湾当局的"外交代表"都采取了不欢

① 《第三届亚非人民团结大会文件汇编》，世界知识出版社 1963 年版，第 9 页。

迎的态度，并决定只同新中国建交而不与台湾建交。另外，在恢复中国在联合国的合法席位问题上，广大新独立的非洲国家不畏美帝的强权和阻挠，在联大会议上数次提出恢复中国合法权利的提案，并最终在1971年10月的第26届联大会议上以78票赞成（其中非洲国家为26票）、35票反对、17票弃权、2票缺席的压倒多数获得通过。毛主席因而形象地称之为"是非洲黑人兄弟把我们抬进去（联合国）的"。

2. 以亚非会议为契机和突破口，推动中非外交关系的建立和发展

1955年4月，由亚洲和非洲29个国家的代表在印尼万隆举行的亚非会议（又称万隆会议），是第一次由亚非国家自己召开的、没有西方殖民主义和帝国主义国家参加的国际会议，也是新中国成立后中国政府代表出席的一次十分重要的国际会议。出席会议的非洲国家有埃及、埃塞俄比亚、黄金海岸（今加纳）、利比里亚、利比亚和苏丹6国，以及以观察员身份列席会议的突尼斯、摩洛哥、南非、喀麦隆等正在争取民族独立的国家的民族主义政党。在亚非会议召开前，中非关系主要表现为人民之间、政党之间在反帝、反殖斗争基础上的相互支持和友好往来，政府间的来往还属空白（第二次世界大战前，非洲也仅有埃及、埃塞俄比亚与利比里亚3个独立国家），相互间了解也很不够，少数已独立的非洲国家甚至对共产主义、社会主义还存在不同看法。因此，可以说亚非会议为双方间的沟通、了解提供了机会和舞台，而以周恩来总理为首的中国代表团的真诚和富有成效的外交则使这次会议有力地推动了当代中非关系的发展。

　　在会议上，针对一些与会国因对意识形态和政治制度的看法不同而掀起的争论风波，周恩来总理提出了著名的"求同存异"原则，认为亚非国家如果"从解除殖民主义痛苦和灾难中找共同基础"，"就很容易互相了解和尊重、互相同情和支持"。① 对事物存在不同看法是正常的，"不要求各人放弃自己的见解"，但也"不应该使它妨碍我们在主要问题上达成共同的协议"。② 正是在这一精神指导下，会议最后发表了著名的《亚非会议联合公报》，提出了各国和平相处、友好合作的"十项原则"③ 以及反帝、反殖、促进亚非团结、维护世界和平的共同呼声。这次会议还实现了

---

　　① 《周恩来外交文选》，中央文献出版社 1990 年版，第 121 页。

　　② 同上书，第 122 页。

　　③ 亚非会议十项原则是：尊重基本人权，尊重联合国宪章的宗旨和原则；尊重一切国家的主权和领土完整；承认一切种族和大小国家的平等；不干预和干涉他国内政；尊重每一国家按照联合国宪章单独地或集体地进行自卫的权利；不使用集体防御的安排来为任何一个大国的特殊利益服务；不以侵略行为或侵略威胁或使用武力来侵犯任何国家的领土完整或政治独立；以和平方式来解决一切国际争端；促进相互的利益和合作；尊重正义和国际义务。

中非国家领导人之间的直接会晤，促进了中非国家之间关系的发展。会议期间，周恩来总理宴请并会见了与会非洲6国的代表，并同埃及总理纳赛尔进行了多次会谈，建立了超凡的个人友谊。亚非会议后的第2年，埃及就毅然断绝了同台湾当局的"外交关系"，与中国建交，成为与中国建交的第一个非洲和阿拉伯国家，影响深远。此后，苏丹、阿尔及利亚、摩洛哥、加纳、几内亚、马里、索马里等国纷纷与中国建交，使与中国建交的非洲国家数目在短短5年内从亚非会议前的零一跃为1960年的8个（1965年年底增至19个）。1960年9月，几内亚总统塞古·杜尔进行了中非关系史上第一次非洲国家元首对中国的友好访问。1961年8月，加纳总统恩克鲁玛也来华访问。中非关系从此由民间外交、政党外交步入了以政府间交往为中心的国家关系建立和发展的新时期。

3. 周恩来总理三访非洲所产生的广泛影响和巨大感召力

1963年12月至1965年6月，周恩来总理先后三次对非洲11国进行了正式访问，① 所到之处都受到了热烈欢迎和盛情款待。周恩来总理在强调访非的重要

---

① 第一次访非规模最大，周恩来总理先后访问了埃及、阿尔及利亚、摩洛哥、突尼斯、加纳、马里、几内亚、苏丹、埃塞俄比亚和索马里10国；第二次是1965年3—4月，访问了阿尔及利亚和埃及；第三次是1965年6月访问坦桑尼亚和埃及。

性时曾说："我们必须打破两个超级大国在我们周围筑起的高墙。我们必须走出去，让别人看到我们，听到我们的声音。"① 在访问中，周恩来总理非常尊重非洲国家的意愿，体谅他们的处境，表现出了一个杰出外交家的风范。可以说，在很大程度上，是周恩来总理以他平等待人的外交风格、求同存异的精神以及诚挚谦虚、谦恭有礼的人格魅力赢得了非洲朋友，扩大了中国在非洲的影响。如在访问加纳前，加纳发生了一场未遂政变，恩克鲁玛总统遇刺受伤，国内局势紧张。但周恩来总理仍决定按原计划访问，同时建议主人打破礼仪常规，取消机场迎送仪式，并把会谈、宴会安排在当时恩克鲁玛居住的城堡内进行。此举令加纳人民十分感动，认为中国是他们的患难之交。又如访问埃塞俄比亚时，由于中埃尚未建交，海尔·塞拉西皇帝迫于美国的压力，把会谈地点安排在远离首都的阿斯马拉。这本是外交上很不礼貌的举动，但周恩来总理从发展两国关系的长远利益出发，不拘泥于小节，欣然前往，并对埃塞俄比亚提出的碍于美国反对不能立即实现中埃关系正常化表示理解和谅解，认为中方可以等待。这种体谅对方困难，多方予以照顾的做法，赢得了非洲国家和人民的信任和好感，并在尚未同中

---

① 陈敦德：《探路之行：周恩来飞往非洲》，世界知识出版社 1999 年版，第 180 页。

国建交的非洲国家中产生了较好的影响。

4. 适时提出了有利于中非关系发展并得到非洲国家响应的理论和原则

如前所述，新中国成立后头 30 年所处的严峻国际环境需要我们尽快打破西方的外交封锁，扩大我们的生存和外交空间。团结一切可以团结的力量，共同反对帝国主义和霸权主义，成为我们开展对外交往的总目标。而要争取最广泛的同盟军，又必须要有适应时代要求、契合广大亚非拉国家诉求的外交理论和对外交往原则。1974 年 2 月，毛泽东主席在会见赞比亚总统卡翁达时明确阐发了其"三个世界"划分的战略思想。毛泽东主席说："美国、苏联是第一世界。中间派，日本、欧洲、澳大利亚、加拿大，是第二世界。咱们是第三世界。""第三世界人口很多。亚洲除了日本，都是第三世界。整个非洲都是第三世界，拉丁美洲也是第三世界。"① 他认为第三世界的亚非拉国家和人民，才是国际上反对帝国主义、殖民主义和霸权主义的基本力量，是中国在国际斗争中应该团结和依靠的主要对象和直接同盟军（第二世界为需要争取的间接同盟军）。亚非拉反帝、反殖和反霸斗争的胜利就是我们的胜利。应当说，在当时的历史条件下，毛泽东主席关于"三个世界"划分的理论对于加强中国同"第三世界"

---

① 《毛泽东文集》第 8 卷，人民出版社 1999 年版，第 441—442 页。

国家的团结、友好合作，改变世界政治力量的对比、维护世界和平，起到了十分重要的作用。在 20 世纪 50—60 年代，国力不强的中国能与美、苏构成所谓的"大三角"关系，主要也是因为我们团结了广大亚非拉国家。

另外，1963 年 12 月，周恩来总理在访问埃及时，根据和平共处五项原则和亚非会议十项原则，提出了中国同非洲、阿拉伯国家发展关系的五项原则。1964 年 1 月访问加纳时，又提出了中国政府对非提供经济技术援助时应严格遵守的八项原则（见本报告第二部分的注解），这些原则清楚地表明了中国是真心诚意地发展与非洲国家的平等关系，帮助他们发展民族经济，不以大国自居，不谋求私利。这八项援助原则中所体现的"平等""相互尊重""不谋求特权和特殊待遇"等核心价值理念以及"不使受援国形成援助依赖""帮助其走上自力更生道路""提供技术援助目的在于让当地人掌握该技术"等朴实但却弥足珍贵的指导方针，不仅受到中国和非洲人民的拥护和珍惜，其实也是国际发展援助几十年来孜孜以求要达到的目标，因而直至今日仍是指导中国对非援助工作的重要原则，具有持久的生命力。也正是在这些理论和原则的指引下，中国和非洲国家建立起了一种国际关系史上前所未有的平等和相互支持的新型关系。

（二）舍得投入，采取了大力援助、民间外交、媒体投放等多元化战略

1. 以坦赞铁路为代表的中国对非洲的无私援助为中国赢得了国际声誉

中国的对非援助始于 1956 年对埃及的援助。在自身经济还比较困难的情况下，中国在力所能及的范围内向非洲国家提供不附加任何条件的经济援助，以支援非洲国家发展民族经济，巩固政治独立。20 世纪 60 年代，中国同 12 个非洲国家签订了援助协定。到 70 年代则扩大为 43 国，占当时非洲国家的 90% 以上。援助范围涉及工业、农业、能源、交通、文教、卫生等诸多领域，援助方式除提供一般物资（包括提供粮食援助）和现汇外，主要是承担成套项目，如铁路、农场、工厂、水利、医院、办公楼、体育场馆等。由于非洲基本上都是农业国家且农业十分落后，农业援助一直占有重要地位，几乎每一个非洲国家有中国援建的农业项目，如坦桑尼亚的水稻农场、马里的茶场、几内亚的甘蔗农场等。据统计，从 1956 年到 1977 年年底，中国共向 36 个非洲国家提供了超过 24 亿美元的经济援助，非洲是接受中国外援的主要地区。[①]

在众多的援非项目中，最大也是最有影响和意义

---

① "Soviet and Chinese Aid to African Nations", New York, 1980, p. 117.

的当属坦赞铁路。坦桑尼亚和赞比亚在 20 世纪 60 年代前半期相继独立后，为了维护政治独立和发展经济，冲破南部非洲白人种族主义政权对赞比亚铜矿外运的封锁，获得可靠的出海口，迫切需要建造一条从坦桑尼亚至赞比亚的铁路。为此，坦、赞两国曾向世界银行、联合国组织和苏、英、加 3 国分别提出修路的请求，均被以"缺乏经济价值"为由拒绝。而当他们转向中国提出请求时，得到了肯定的答复。毛泽东主席在接见坦桑尼亚尼雷尔总统时曾说，即使我们自己不修铁路也要帮助非洲修建这条铁路，表达了中国真诚帮助非洲的坚定决心。坦赞铁路全程 1860 公里，所经地区地形、地质条件十分复杂。为修建坦赞铁路，中国共发运各种设备材料近 100 万吨，先后派出工程技术人员近 5 万人次，坦赞两国参加施工的人员先后有 10 多万人。从 1970 年 10 月动工，到 1976 年 7 月竣工，历时 5 年零 8 个月，耗资 4.55 亿美元。有百余名中国人为此献出了宝贵的生命，长眠在异国的土地上。铁路的建成极大地支持了南部非洲人民的解放事业，提高了中国的国际地位，巩固了中非友谊。坦赞铁路本身已成为中国对非外交史中的一座丰碑。

　　中国在自己经济还不富裕甚至十分困难的情况下，对非洲国家反帝反殖以及民族经济发展提供了大量真诚无私的政治、经济和军事支持，为中国在非洲乃至国际上赢得了崇高地位和威望。有美国学者认为，中国在 20 世纪 60—70 年代所赢得的国际影响远远高于其物质力量所能提供的水平，给"当代国际体系中的力量命题提出了解释的难题"①。美国著名中国问题专家哈里·哈丁也说："中国领导人在运用他们掌握的资源时，具有高度的技巧，最突出的是中国能巧用外援，通过慷慨而没有条件的对外经济、技术援助，为中国争得影响，使他们的国家成为对世界局势发展的一个主要发言人。"② 中国学者阎学通也认为，"60 年代中国在非洲的政治声誉是极为重要的政治利益，就是靠这种政治声誉，中国赢得了非洲国家的支持，打破了帝国主义孤立中国的战略。非洲国家的政治支持在中国 1971 年重返联合国发挥了重大作用"③。

2. 用民间交往推动政府外交和双边关系的发展

中国与非洲虽在地理上相距万里，但相互间的友好交往却源远流长，自公元前 2 世纪中国汉朝时张骞通西域以来已有 2000 多年的历史。明朝伟大的航海家郑和曾率领远洋舰队 7 次下西洋，其中 4 次抵达非洲东海岸。更难能可贵的是，郑和当年虽率领当时世界

---

① ［美］哈里·哈丁编：《80 年代的中国外交》，耶鲁大学出版社 1984 年版，第 173 页。

② 同上书，第 207 页。

③ 阎学通：《中国国家利益分析》，天津人民出版社 1997 年版，第 38 页。

上最先进的远洋舰队抵达异域，但却没有占领任何一个国家或城池，也没有从非洲带回一个奴隶，是地地道道的"和平之旅"和"友善之旅"。这也为之后的中非友好交往乃至中国今天的"和平崛起"打下了最坚实的历史基础。

进入近现代以来，特别是在中国人民救亡图存和争取民族解放的革命战争年代，中国共产党在民间外交领域进行了一系列成功的探索，其中最成功的案例就是以1936年6月邀请美国记者埃德加·斯诺秘密访问延安为起点，通过斯诺次年撰写出版的英文书稿《红星照耀中国》（*Red Star over China*）让全世界客观了解了中国共产党及中国共产党人所从事的崇高正义事业，为中国革命事业的国际话语权建设以及吸引更多有志中国青年奔赴延安发挥了重要作用。

自1949年新中国成立以来，支持非洲人民争取和维护民族独立的斗争，增进中非人民之间的交流和友谊一直是中国的一项长期基本国策。事实上，在20世纪40年代末和50年代初，由于绝大多数非洲国家尚未获得国家独立和民族解放，这一时期的中非关系实际是以中非民间交往为主渠道进行的。如1951年非洲工会代表团访华；1953年南非青年代表团来华参加国庆观礼活动；1953年3月，中国青年代表团出席在维也纳举行的国际保卫青年权利大会期间，专门同埃及、阿尔及利亚、突尼斯、摩洛哥、法属西非、马达加斯加等非洲国家和地区的青年代表团举行了联欢，增进了相互间的友谊，是当时规模最大的一次中非民间交往活动。据统计，从 1949 年新中国成立至 1960 年，非洲共有 41 个国家和地区的 1000 多位民族解放组织的领导人、爱国知识分子及工会、青年、学生、妇女组织的代表和其他各界人士曾通过各种民间渠道访问中国。几十年来，在远离大城市的穷乡僻壤为非洲人民问疾送医的中国援非医疗队、活跃在田间地头的中国农业专家等，构成了中非民间交流的独特风景线。

另外，需要指出的是，在 20 世纪 50—70 年代，新中国打破西方的外交封锁，陆续与非洲各民族解放组织及新生非洲独立国家建立接触并陆续建交也是依托中国新华社驻非洲的记者站及其他民间力量才得以实现的。如新华社记者王殊就是"持新中国护照进入加纳、甚至是进入黑非洲的第一个中国人"，他于 1959 年 2 月通过开罗辗转进入加纳，为此后周恩来总理出访非洲及中国和加纳外交关系的建立做出了重要贡献。①

还需要特别指出的是，敬爱的周恩来总理是新中

---

① 陈敦德：《探路之行：周恩来飞往非洲》，世界知识出版社 1999 年版，第 39—47 页。

国民间外交的积极推动者。周恩来总理早在 1957 年就曾对中国的整体外交有过界定，认为"中国的外交是官方的、半官方的和民间的三者结合起来的外交"。为打破美欧等西方国家对新中国的外交封锁，周恩来总理从组织建设上为中国民间外交工作的开展打下了坚实的基础，如陆续成立了中国人民外交学会、中国国际贸易促进会、中国人民对外友好协会，以及国别民间组织如中苏友好协会和稍后成立的中日友好协会，等等。

3. 了解非洲、介绍中国，大力投入对非的媒体和资讯宣传

要在非洲提高中国的话语权，当然首先要对这些话语希望影响的受众——非洲——有一个全面、准确和深入的了解。因此，了解和研究非洲就是一件必须"先行"以期达到"先觉"的必备工作。中国社会科学院西亚非洲研究所就是 1961 年根据毛泽东主席的谈话精神创办的。毛泽东主席当年接见非洲国家外宾时说："我们对非洲的情况，就我来说，不算清楚，应该搞个非洲研究所，研究非洲的历史、地理、社会经济情况。"除中国社会科学院外，北京大学、南京大学等一批高等院校也开始设立非洲研究中心，对非洲历史、非洲地理进行了深入研究。如今，55 年过去了。虽然期间科研工作遭受过影响和冲击，但中国的非洲学学者无愧毛泽东主席的嘱托，不仅搞清楚了非洲地区的历史、地理、社会经济情况，而且研究范围还覆盖了该地区的政治、文化、环境、国际关系、宗教和民族等诸多学科和领域，发表和出版了大量有影响、有价值的科研成果，初步建立起了涉及上述学科的中国非洲学的学科体系。同时，还锻炼、培养了一支高水平、高素质的专业科研队伍。

20世纪60—70年代，中国在非洲的媒体宣传等方面也舍得投入，中国在非洲的宣传工作搞得很扎实、细致，效果很好。当时在非洲广泛发送的各类英法文报纸、杂志几乎影响了整整一代非洲人的世界观，对非洲人民了解中国，提升中国在非洲的话语权可谓贡献卓著。笔者多年前曾在采访加纳驻华大使阿梅耶多沃（E. Oscar Ameyedowo）时，听大使先生深情地回忆起60年代当他还是小学生时，就免费收到中国寄去的英文版《中国文学》杂志，使他从小便对中国心向神往。① 如今，老一辈的非洲政治家、学者对中国以及毛泽东思想的了解程度甚至远远高于我们自己的一些官员和学者。近年有国际知名调研公司在非洲开展问卷调研，关于"你最熟悉的中国人"这一调研问题的答案，排在前两位的中国人名字一为领袖"毛泽东"，二为知名功夫明星"成龙"（因当代非洲年轻人均酷

---

① 1999年1月13日与加纳驻华大使阿梅耶多沃的访谈记录。

爱看武打功夫片）。另外，尽管冷战后非洲国家已大多迈上了多党民主化的治理之路，但不少非洲国家也仍保留有"毛泽东大街"的道路称谓。这些都是新中国成立后头 30 年中国成功对非外交的真实写照及其留下的丰厚历史遗产。但遗憾的是，我们在非洲的宣传工作此后开始走下坡路。如今，我们仅有的几份英文刊物（如《北京周报》《中国与非洲》等）因受经济规律和市场经济的制约，在非洲发行量有限（因很多人无钱订阅，而台湾地区的很多刊物在非洲均采取免费赠阅的方式）。相对于我们在非洲经贸领域的大手笔投资，国家在对非宣传方面的投入则裹足不前，因而也客观上影响到我们在中非关系上的话语权建设。

四　当前中国对非外交所面临的舆情挑战

（一）"新殖民主义论"：来自西方的"批评"

近十多年来，随着中非政治和经贸关系的快速发展（自 2009 年起，中国已连续 5 年超过美国成为非洲的第一大贸易伙伴国），国际媒体、西方智库以及学术界有关中非关系的报道和讨论急剧升温，中非关系忽然间似乎成为了一门"显学"。但在如何看待"中非关系发展"这一命题上，中国自身和外部世界之间却存在认知上的巨大差异。在中国政府和学者看来，近年来中非关系的发展是半个多世纪以来中非全天候友好合作关系的自然发展和延伸，互相尊重、真诚友好和平等互利是中非关系的实质和基本特征。而在部分西方媒体和智库（包括一些政界人士）看来，中国重视发展对非关系完全是出于对石油等战略资源的争夺，中国在非洲政治经济影响的扩大（指责中国以廉价商品占领非洲市场，向非洲国家推销中国经济发展模式等）是一种"新殖民主义"的表现，中国对一些所谓"无赖"国家不附加任何条件的援助阻碍了西方在非洲推动的民主、人权事业以及反专制和反腐败运动的进展，等等。

由于殖民主义的历史，西方长期以来把非洲视为自己的"后院"和"狩猎领地"，因此中非关系的快速发展自然引起了一些心怀妒忌和抱有冷战思维的西方媒体的"特别关注"。出于对其在非洲既有利益和影响会受到冲击的一种担忧和警惕（当然还有更深层意义上的中西方在意识形态、文化价值观、发展合作理念与模式等方面的差异，以及西方从整体上对中国崛起的防范和恐惧等因素在作祟），近年来西方舆论（也包括不少政界和学界人士）对中非关系进行了许多负面报道和指责，概括起来，主要有两个方面。

（1）中国在非洲搞"新殖民主义"。关于中国在非洲搞"新殖民主义"的说法最早出现在 2006 年前后（当年中国在北京举办了规模空前的"中非合作论坛北京峰会"，非洲国家领导人云集北京，中国出台了一揽子援助非洲和推进中非经贸合作的重大举措，这让国际关注非洲和研究中非关系的热度陡然升温），这种说法不仅出现在美国《纽约时报》和英国《金融时报》等西方主流媒体上，就连一些地位显赫的官方人士和影响深远的官方智库也不甘寂寞，纷纷加入了这一诋毁中非关系的大合唱。如英国前外交大臣杰克·斯特劳 2006 年 2 月访问尼日利亚时竟称"中国今天在非洲所做的，多数是 150 年前我们（指英、法老殖民主义者）在非洲做的"。美国一些有影响的智库如兰德公司、传统基金会和外交关系委员会也纷纷发表研究报告，称中国为美国在非洲未来的最大竞争对手之一，鼓吹美国应制定一项全面战略来削弱中国在非洲的影响力。

综合起来看，所谓"新殖民主义"的指责，其具体内涵主要有四：第一，掠夺非洲能源。声称中国对非洲加大投入是基于对石油、有色金属等战略原材料的需要。第二，以廉价商品占领非洲市场。认为中国的廉价商品，特别是纺织品对非洲国家出口的大幅度增长，严重冲击了当地纺织业的发展，造成了企业倒闭和工人失业，中非经贸关系是一种不平等的"南北经济关系"模式，即非洲主要出口原材料，进口中国的制成品。第三，向非洲国家推销中国经济发展模式。第四，中国在非洲的活动只关注自己的经济利益而无视当地的环境保护和劳工权益保障，不承担企业社会责任。①

近年来，西方一些学术会议甚至一年一度的西方

① "Africa: China's Great Leap into the Continent", *IRIN*, IRIN@ irin-news. org, 03/23/2006; "Chinese are Far More Ruthless Than the Brits Ever Were", *The Sunday Times* (*UK*), July 16, 2006; "The Western View of China's Economic Forays into Africa has been Overwhelmingly Negative", *South China Morning Post*, September 20, 2006.

八国首脑会议在讨论对非援助和贷款问题时，又把批评的目光投向了中国。如在 2007 年西方八国首脑会议召开前的西方八国财长会议上，德国财长批评和警告中国的对非援助和贷款冲击了西方债权国近年来在非洲的减债努力，有可能引发新一轮非洲债务危机，中国对非援助和贷款"不负责任"，等等。① 类似的指责还出现在各类研究报告和媒体报道之中，甚至还出现了所谓的"无赖贷款者"（rogue creditor）和"搭顺风车者"（free rider）的说法。② 批评的矛头还直接指向了周恩来总理访非时提出的"中国对非提供经济技术援助的八项原则"中的第二条"援助不附加任何条件"（完整表述为"中国政府在对外提供援助的时候，严格尊重受援国的主权，绝不附带任何条件，绝不要求任何特权"）。西方援助国家认为中国"不附加条件的援助"阻碍了西方在非洲推动的民主、人权事业以及反专制和反腐败运动的进展（因为西方的援助通常

---

① 《德财长妄评中国对非贷款政策》，法新社波茨坦 2007 年 5 月 19 日电。

② Martine Dahle Huse & Stephen L. Muyakwa, "China in Africa: Lending, Policy Space and Governance", published by Norwegian Campaign for Debt Cancellation and Norwegian Council for Africa, 2008; Helmut Reisen and Sokhna Ndoye, "Prudent versus Imprudent Lending to Africa: from Debt Relief to Emerging Lenders", OECD Development Centre, working paper No. 268, January 2008; "Critics Urge Caution on African Aid Splurge", South China Morning Post, May 15, 2007; "G7 to Discourage China from Making U-surious Loans to African Countries", AFX News Limited, September 14, 2006.

与受援国需达到各种政治经济条件相挂钩，是"附加条件的援助"），云云（有些反讽意义的是：西方援助国家却绝口不提同在中国外援原则第二条中的"绝不要求任何特权"的表述，因为这恰是西方援助的软肋，西方援助专家拥有各种生活和工作的特权，而这些额外开支均统统计入外援预算项下，暴露了西方援助的自私和虚伪性）。

可见，在"新殖民主义"这顶大帽子下，包括了"掠夺非洲资源""阻碍非洲工业化和一体化""推销中国模式""破坏非洲环境""不负责任的贷款"等各个子项目的描黑和指责。①

（2）中国支持非洲"专制"和"无赖国家"。这一指责主要与外交政策、国家治理模式，以及领导人政治理念甚至个人关系的好恶程度等因素密切相关。另外，该指责和批评还指向了中国政府一贯坚持的"不干涉内政原则"，认为这一原则实际上是对所谓"无赖"或"失败国家"的变相支持，不利于西方国家在非洲推动的民主、人权事业以及反专制和反腐败运动的进展。

在该指责项下，通常被提及的两个非洲"失败国

---

① 参见贺文萍《关于加强中非全方位合作的若干思考》，《西亚非洲》2006年第8期；贺文萍：《"新殖民主义论"是对中非关系的诋毁》，《学习月刊》2007年第3期；李安山：《为中国正名：中国的非洲战略与国家形象》，《世界经济与政治》2008年第4期。

家"案例是苏丹和津巴布韦（实际上，如果按照西方的标准，非洲的"失败国家"名单很长。但因中国与苏丹和津巴布韦的关系非常密切，因此，这两国便得到了西方政府及媒体的"特别关照"和"强度曝光"）。始自 2003 年年初的苏丹达尔富尔问题，以及因土改问题与西方关系恶化的津巴布韦近年国内局势出现不同程度的动荡，因西方媒体、人权组织以及一些政界人士的"特别关注"迅速上升为新的国际热点问题。

由于苏丹政府被西方广泛认为是纵容达尔富尔地区阿拉伯民兵袭击黑人的幕后支持者，中国与苏丹政府的传统友好关系和近十多年来的密切石油合作被西方认定为对达尔富尔地区人权的漠视，并因此把中国与达尔富尔问题联系起来，认为中国应该为达尔富尔的人道主义危机负责。[1] 在政府层面，美国等西方国家也用"关注人权""孤立不尊重人权的专制政权"等为理由，要求中国对苏丹和津巴布韦政府采取强硬立场。

另外，随着参与中非经贸合作的主体日益多元化，感到中国人动了自己在非洲的"奶酪"的一些西方政客、媒体和非政府组织还开始把聚光灯对准中国政府、

---

① "Special Feature: Darfur and the Politics of Genocide", *The Electronic Journal of Africa (e-Africa)*, Volume 2, November 2004.

公司乃至个体户在非洲的一举一动，用放大镜观察中国人在非洲的所作所为可能产生的任何瑕疵。一些负面的公司个案被渲染成带有普遍意义的国家行为，正常的资源开发合作被描绘成"资源掠夺"。中国公司参与全球化竞争，以高效低价竞标成功的项目被指是搞了暗箱操作或者有政府的幕后支持，等等。虽然并不是所有的指责和批评都属恶意（有些严肃学者的批评是善意和建设性的），但这些中非关系中的"不和谐音"毕竟对中国的话语权建设构成了重大挑战。

（二）"不平等经济贸易结构"：来自非洲的"担忧"

由于西方在国际话语权上的强势地位以及西方与非洲知识界、舆论界和市民组织之间较紧密的联系，源自西方的对中非关系的负面解读也逐渐向非洲扩散，非洲本土对中非关系的担忧和批评近年来也开始上升。与来自西方的担忧和批评相比，从非洲本土发出的声音似乎更应引起我们的高度重视和警惕。

综合起来，非洲方面的担忧和批评主要集中在以下领域：第一，在能源开发方面，由于中非在能源方面的开发合作呈快速发展态势，近年来出现了有关能源开发过程中的环境保护、重视资源产地的民生问题和如何"让利于民"的问题，以及一些别有用心的政

客将非洲资源产地的国内政治和派别矛盾转嫁到中国
公司头上，从而加大了中国在非企业的经营困难和员
工的安全风险，等等。第二，在经济合作领域，由于
双方在劳动密集型产品，尤其是纺织品领域存在竞争
态势，中非贸易摩擦和经济利益冲突不仅在非洲本土
出现，而且衍生到了第三国市场。对于主要从中国大
量进口价格低廉的工业制成品和纺织品，同时向中国
出口矿产资源和其他自然资源的贸易模式，一些非洲
国家舆论，甚至包括主要非洲国家的领导人（如南非
前总统姆贝基），也开始担忧这一可能不断加剧的依附
性的重复过去的"殖民地与宗主国之间的不平等经济
贸易结构"。第三，在政治发展方面，绝大多数非洲国
家的"政治民主化"已经历了17—18年的发展进程，
无论是非洲各国的宪法，还是非洲联盟宪章，都把扩
大"民主"和"自由"，改善"人权"和实施"良
政"作为非洲自主追求的发展目标。由于在政治、意
识形态和媒体宣传领域深受西方的影响，他们对中国
探索和实施中的社会主义民主以及人权进步的状况似
乎还存在不理解和困惑的情况。

另外，在国际多边合作中，也由于中非双边利益
和关切并不是在任何事务和任何时间上都完全契合，
如联合国安理会改革过程中的"增常"问题，非洲认
为中国对其争取成为联合国安理会常任理事国的支持

不够，因此，中非之间在国际事务上的协调和战略合作也需要进一步扩大利益交汇和共同点。

总之，从非洲方面看，尽管西方的强势话语权对非洲知识界、非政府组织和媒体的舆论导向都有不容低估的影响，但和西方直白和赤裸裸的"抨击"和"批评"有所不同的是，中国面对的非洲舆情挑战主要以"怀疑"和"担忧"的形式出现，即非洲"怀疑"中国对非经贸合作的"双赢"属性（认为非洲方面的"赢"体现不足），"担忧"非洲大量进口中国工业制成品会影响到非洲自身的工业化进程，"担心"现在与中国不断扩大的贸易（进口制成品和出口矿产资源）是在重复过去"殖民地与宗主国之间的不平等经济贸易结构"，等等。近年来，非洲的知识界（特别是南非、肯尼亚、尼日利亚等拥有不少高校和本土研究智库的国家）还开展了不少有关"非洲如何从中非关系中更多获益"的课题研究，并召开了全非或地区层面的研讨会及成果发布会，这些强调非洲主体性、平等性和更多参与性的研究也从一个侧面反映出非洲的上述"担忧"。一句话，由于非洲发展的历史欠债太多，非洲各界对快速体现中非合作的实际成果都有一种与生俱来的急迫感，也就是说，希望更快更多地看到中非合作给非洲带来的实际好处和成果。

（三）西方在非洲的语言、文化和价值观影响仍然巨大

西方在非洲长期的殖民主义统治、对非洲人才的培养和价值观渗透、西方媒体和话语权（英国 BBC 和美国 CNN 节目仍主导着非洲的电视屏幕）在非洲的长期耕耘和强势地位、西方对非洲的研究（了解）之丰富和深入，等等，均说明在非洲的软实力影响方面，西强中弱的局面既非短时间内形成，也非短时间内所能改变。

如果我们用"时间"和"空间"这两个衡量人与人之间关系的维度来大致对比一下中国和西方与非洲的关系发展程度时，不难发现，在这两个维度上中非关系均不占优势。首先，从时间维度看，回溯历史，虽然早在公元前 2 世纪的汉代，中国与非洲之间就有了最早的接触，① 但中非之间经常性和真正意义上的交往则是在 1949 年新中国成立以后才开始的，迄今在时间跨度上只有短短的 60 多年。而西方早在 15 世纪就以坚船利炮开道踏上了非洲的土地，并在这片土地上进行了数百年的殖民统治。不管是英国实行的"间接统治"，还是法国偏爱的"直接统治"，其结果都是将

---

① 公元前 139 年，汉武帝派遣张骞出使西域。在张骞返回后提交给汉武帝的报告中，提到他曾到达大宛（今中亚费尔干纳盆地）、大月氏（今阿姆河上游）及黎轩（今埃及亚历山大城）等地。参见艾周昌、沐涛《中非关系史》，华东师范大学出版社 1996 年版，第 5—6 页。

这些"宗主国"的政治、经济和文化影响在"殖民地"身上打下深广的烙印。

笔者近年来在非洲调研时，常常能听到和直观感受到西方在非洲留下的文化和价值观影响。如人们常常说，"语言"（英语、法语和葡萄牙语等）和"宗教"（基督教）是西方殖民统治植根于非洲的两颗最富生命力的文化和观念的"种子"，而且这两颗"种子"经时间的历练早已与非洲的社会和文化深度融合，成为了非洲文化和观念的一部分。

另外，从空间维度看，西方的优势则更为明显。如同拉美常被视为美国的后院一样，非洲也被欧洲视为自家的后院。由于欧洲与非洲仅隔地中海相望，还同属一个时区（可省去时差的折磨），笔者认识的一些欧洲的非洲问题学者谈起去非洲调研，似乎真如同到自家后院散步一样，透着抬腿就走般的轻松和随意。相比而言，万里之遥的非洲对大多数中国人来说仍是一个遥远和神秘的大陆。空间地理上的阻隔加上资源的缺乏，早期中国的非洲问题学者对非洲的研究几乎在办公室里完成，鲜有机会踏上非洲的土地去实地观察、交流和调研。这种状况直到近年来才有所改变。

而且，早在第二次世界大战结束之后，西方就特别注重招收非洲青年人中的优秀人才到欧美留学，这些非洲留学生要么成为日后非洲国家的政要，要么是非洲知识界和教育界的翘楚，因而在非洲的校园和知识传承中自然把他们在欧美吸纳的政治价值观理念代代传袭下去。那些成长为政要的欧美非洲留学生则在非洲国家的政治制度和发展道路选择上表现出"追捧"和"仿效"西方民主制度的趋向；而一些选择学成后留在欧美国家的非洲知识精英，也大多在欧美的大学和研究机构从事与非洲问题相关的教学和研究工作，其与非洲的血脉联系和本身兼具的非洲和欧美双重视角又为西方的非洲研究平添了鲜活的力量，对推动西方与非洲之间的深入了解架起了一座后工业化时代的新桥梁。记得2013 年笔者到英国参加一个有关中非关系的研讨会时，与会的一位来自加纳的英国杜伦大学（Durham U-niversity）副教授告诉我，他自 20 世纪 80 年代离开祖国加纳到英国留学，从硕士、博士生再到助教、讲师、副教授，这一路走来都没有切断与非洲的联系。不仅谋生的主题是永恒不变的非洲（讲课、开会和撰写论文），而且他每个学期还要带领自己那些金发碧眼的白人学生回到祖国加纳（有时也去其他非洲国家）去实习调研 1—2 个月。他就职的杜伦大学也同样接待来自加纳等非洲国家的大学生来了解英国。① 据了解，欧美很多国家的大学均与非洲国家的大学之间有这样常态

---

① 2013 年 1 月笔者赴伦敦参加由英国利兹大学（University of Leeds）主办的有关中非关系研讨会的相关谈话记录。

性的互访交流安排。可见，在这座沟通的"新桥梁"上，往来穿梭的已不仅仅是数量有限的非洲裔知识精英了，而且还有数量庞大的青年后来人。

除此之外，冷战后西方的对非援助一般都较关注非洲的能力建设，着力推动非洲的市民社会及非政府组织建设，资助研究机构和非官方智库的学术研究和出版物发行，等等。这些在学术和思想层面"软领域"的投资虽然在经济统计表的"利润"项下显示的可能是"负数"，但在"软实力"的统计项下则收获了丰硕的果实。

因此，如今在非洲，一个我们必须面对的严酷现实是，经过冷战结束后长达 25 年的多党民主化实践和洗礼，非洲政界、知识界精英以及市民社会力量对西方的民主、自由和人权等理念已经耳熟能详，但对中国式的协商民主、一党执政下的多党协商等政治制度安排和价值理念则不太了解，有时甚至被西方舆论误导，简单地将中国理解为一党制的"专制"或"独裁"国家。

（四）中国与非洲之间的相互了解和沟通严重不足

由于语言、文化以及宗教信仰的不同①，再加上中

---

① 由于基督教、伊斯兰教以及非洲传统宗教在非洲的政治社会生活中发挥着很重要的精神层面的引导作用，因此一般非洲人觉得难以理解绝大多数没有宗教信仰的中国人。

国在非洲从事经贸活动的百万商业大军在融入当地社会方面明显存在差距和不足，非洲人和中国人在个体层面的沟通和了解远没有西方人和非洲人之间顺畅和自然。

另外，自冷战结束后，非洲国家纷纷迈上多党民主发展道路并放开对媒体的控制，新闻自由和反对党、私人办报成了见怪不怪的普遍景观。从新闻行业的"潜规则"和商业化运营的市场驱动的角度出发，这些反对党和私人报纸更愿意迎合赞助者以及以反对政府观点为己任的一些"非政府组织"的诉求，通过一些负面报道影响普通民众的价值观判断。而这些私人报纸发行以及非政府组织的背后赞助者又往往多是西方国家以及一些总部在西方国家首都的国际非政府组织。如笔者2014年5月在走访1980年创立、日发行量为10万份的津巴布韦最大日报、由津政府拥有的《先驱报》位于首都哈拉雷的总部时，该报主编喀沙尔·兹瓦伊（Caesar Zvayi）先生以及来华参加过中促会举办的短期培训班的国际版资深编辑滕戴伊（Tendai）女士均认为，中津关系十分友好，《先驱报》刊发了大量正面和积极报道中津关系的文章及评论，还有意与包括笔者在内的中方学者一起在该报开辟中津以及中非关系的专栏。但他们同时也指出，虽然津官方媒体对中津关系的报道大多正面和积极，但津巴布韦的私营报纸，如 2011 年刚刚创立的、日发行量为 5 万份的《新闻日报》（Newsday），以及其他由工会及反对派操控的媒体则以负面报道为多。①

在津巴布韦这个多年来与西方关系不睦的国家尚且如此，其他西方影响较深的非洲国家的情况就更可以想象了。如中国交通建设股份有限公司（由中交集团所属中国路桥公司承建的蒙内铁路）正在肯尼亚轰轰烈烈施工的连接肯尼亚东部港口城市蒙巴萨至首都内罗毕的长达 472 公里的蒙内铁路项目，虽然该项目得到肯尼亚总统和执政党的特别关照和大力支持，但反对党和自由媒体并不买账，他们的报纸上刊发的基本是对该项目的负面报道（如征地、环保、开矿，等等），对该项目的推进形成了"媒体围剿"的"包围圈"。②

近年来，笔者有机会经常访问非洲并在国际会议上接触非洲各界人士，所接触的非洲学者和非洲非政府组织人士普遍认为，目前中非关系间存在的一些问题主要源于中非之间的相互了解很不够，因此迫切需要大力推动民间外交和公共外交，从"G-G（government to government）模式"转化为"P-P（people to

---

① 笔者 2014 年 5 月 7 日访问《先驱报》哈拉雷总部，与该报主编喀沙尔·兹瓦伊先生以及国际版资深编辑滕戴伊女士的谈话记录。

② 王衍：《解码蒙内铁路，当中国速度遭遇非洲民主》，香港《凤凰周刊》2015 年第 7 期。

people）模式"。事实上，语言沟通问题说到底还仅仅是相互了解的一个技术性障碍，假以时日和投入一定的人力物力资源后并不难以克服，更深层次上的问题以及对相互民族性格的了解还需要在民族、宗教、社会、文化等内容方面多下功夫。如笔者在实地调研中了解到，在非洲投资兴业的一些中资公司因缺乏与非洲工会打交道的经验，在制定公司劳动纪律等各项规章制度时未与工会充分协商，因而反遭非洲工会及非洲雇员的诉讼，认为这些《纪律守则》中制定的旷工、开除等相关条款与当地的《劳动法》相抵触，中资公司意在曲线剥夺非洲工人依据《劳动法》所享有的正当权利，云云。而中方管理人员则普遍认为非洲员工散漫慵懒、工作不够敬业、不愿意加班工作、劳动技能较低，一些建筑工地的非洲工人甚至中资公司的非洲员工的小偷小摸现象已成为见怪不怪的家常便饭。

相互不了解或者了解不够、不深就容易导致误解甚至猜疑，而这又自然在非洲为西方散布的所谓"中国新殖民主义论"准备了土壤。相互不了解还容易把一些个案的问题理解为普遍的存在，甚至无中生有加以臆断和揣测，对中国在非洲的国家形象和对非外交造成极大的负面影响。如近些年来，西方及一些非洲媒体把皮肤黝黑、集中住宿在简易工棚并且"三班倒”日夜奋战在施工现场的中国援非工程建设人员污称为“劳改犯”，把中医药统统斥为“假药”等均为突出的公共外交“缺位”案例。

（五）在非洲听不到“中国声音”

资深报人、人民日报高级记者丁刚 2010 年 6 月访问非洲后写了篇题为“非洲听不到‘中国声音’”的文章。他说：“在非洲旅行，最大的问题是听不到中国声音。我指的不是中国人的声音。非洲有很多中国人，无论是在餐馆，还是在商店，都可以在不经意间听到中国人的声音，甚至还会有你或我的乡音。我指的是媒体上的‘声音’。报纸上有关中国的报道，几乎全是来自西方媒体的‘二手货’。电视里更是少有来自中国的报道，偶尔也会提到中国，但那大多是西方媒体提供的画面。”[①] 丁刚所描述的现象的确是长期以来中国媒体在非洲的一种尴尬存在。每逢涉及中国在非洲活动的个案负面新闻，非洲的媒体多转载刊发美联社、路透社等西方大通讯社的报道，中国新华社及其他中国媒体的原创性报道鲜有露脸的机会。

---

① 丁刚：《非洲听不到“中国声音”》，《东方早报》2010 年 6 月 2 日，http：//epaper. dfdaily. com/dfzb/html/2010 - 06/02/content _ 271 253. htm。

由于西方大国已在非洲经营百年有余，西方媒体往往坚持双重标准、戴着有色眼镜看待中国在非洲的经济活动，出现了大量失实甚至歪曲报道，给中国在非洲的形象造成了极大负面影响。近些年来，国内外媒体及研究机构对中非经贸关系的发展都给予了极大关注。然而在当下的传播环境中，西方大国掌握了舆论的话语权，中国在塑造自身非洲形象时受到极大限制，且处于被动局面。

虽然近年来中国在非洲的媒体和资讯投入较以往有很大的加强，如新华社、人民日报、中国日报和中国国际广播电台等驻非记者站的人数和规模都在扩大，中央电视台英语频道在肯尼亚内罗毕设立了每天 1 小时的非洲报道节目的非洲分台，但相对于历史悠久并处于强势地位的美国 CNN 和英国 BBC，甚至近十年来异军突起的卡塔尔"半岛"电视台，中国媒体在非洲的脚印仍不深厚，影响也还处于初期阶段。笔者近年来每次入住非洲的星级酒店，酒店电视里一成不变是 CNN、BBC 或者"半岛"电视台的节目。中央电视台 4 套中文或英文频道的节目只有在中餐馆或中国人经营的饭店里才能够看到。

另外，毋庸讳言的是，我们目前"出彩"和引起西方媒体和学术界关注的还主要是在传播的"形式"方面（如站点数量的增加和覆盖范围的扩大），而不是更关键和能够产生更大软实力推广效应的传播"内容"方面。多年前，笔者在获赠英国皇家非洲学会执行会长、英国多家媒体非洲驻站记者出身的理查德·道登（Richard Dowden）先生毕其一生对非洲的观察而著的《非洲：改变的国家，普通的奇迹》（Africa：Altered States，Ordinary Miracles）一书时，曾和他有过一段关于中国在非洲影响力的有趣对话，当道登先生以其记者的观察感叹中国人在非洲日益加强的存在时，也客观指出，因在非洲的中国人主要生活在自己的工地和生活圈子里，与当地人的交流和融合比较少也比较差，因此虽在数量上轻松超出在非洲的西方人数，但在影响力上则要大打折扣。记得我还调侃地对他说，他在媒体上发表的文章和出版的书籍，其影响力恐怕大过我们在非洲的百万中国人"大军"。[①] 也有法国记者把中国的百万非洲移民称作"蚂蚁兵团"，说他们"没有名字，没有面孔，总保持缄默"。[②]

---

① 笔者 2009 年 11 月在阿联酋迪拜参加"世界经济论坛全球议程理事会"（Global Agenda Council）时与理查德·道登的谈话记录。

② ［法］Serge Michel，Michel Beuret：《黑暗大布局：中国的非洲经济版图》，陈虹君译，台湾早安财经文化有限公司 2009 年版，第 24 页。

五　前 30 年中国对非外交话语权建设的有益启示

（一）坚持中非关系中一贯秉承的平等互利、合作共赢的理念与原则，用正确"义利观"指引"升级版"的未来中非关系

回顾新中国成立后头 30 年中非关系的发展历程，我们不难发现，中非关系之所以能经受住历史岁月和国际风云变幻的考验，中国在非洲之所以有很强大的影响力和话语权，关键在于我们始终坚持"真诚友好、平等相待、相互支持、共同发展"的正确对非原则。在非洲国家遇到困难时能够及时伸出援手，没有斤斤计较自己的利益得失。在一些涉非的重大问题上，能够站在非洲国家的立场支持非洲国家的诉求，不屈服于西方国家的压力。

半个多世纪以来，尽管国际风云变幻，中国对非政策始终保持着一致性和连续性，并不因同其他大国关系的改善和发展而忽视中非关系。20 世纪 60 年代周

恩来总理访非时提出的中国同非洲、阿拉伯国家发展关系的五项原则以及中国对外经济技术援助的八项原则，仍是我们今天发展中非关系的重要指导思想和准则。

在与非洲国家交往中，中国从不以大国自居，不谋求私利，十分尊重受援国的主权，不把援助看作单方面的赐予，而且提供的援助不附加任何政治条件、不要求任何特权。更难能可贵的是，中国派驻受援国的专家同非洲本国专家享受同样的物质待遇，不搞任何特权和额外享受。这些都与西方对非援助形成了鲜明的对比。中国援非专家、医疗队员和非洲朋友同甘共苦，其中许多人献出了生命，长眠在非洲的黑土地下。他们中一些人的名字，至今仍被非洲人民所传颂。许多中国对非经援项目，至今仍在一些受援国的经济建设中发挥着重要作用，被誉为"南南合作的典范"。

中非关系一路走到今天，之所以目前的国际舆论环境看起来比起新中国成立后头30年更具挑战性，主要源于当前中非关系在广度和深度等各个方面都大大超越了以往。随着近十年来中非关系的快速发展，中国开展对非关系的队伍不断扩大，既有在政治和外交领域发挥关键作用的高层领导和职业外交官，也有中非学术界的互动和交流，更有在经贸活动中发挥关键推动作用的中国企业界的千军万马。据粗略的官方统计数据，目前中国在非企业已有 2500 多家（笔者认为，这个数字主要包括的仅仅是在中国驻非洲各国使馆经商处挂号注册的国有企业，大量的中小型私营企业估计还未统计进去）。参与行为体的多元化，其效应犹如一个硬币的两面，既为中非关系发展增添了新动力，也容易产生和带来新问题。因此，我们在惊叹今日中非关系大发展的同时，更应当心存挑战意识和危机意识。事实上，中国在非洲到底还能走多远，很大程度上取决于我们对一些非洲关注的敏感问题（比如加强中国公司的属地化管理，当地劳工雇佣不足的问题、纺织品工业的竞争和保护非洲幼稚工业问题、中国商品的质量问题、中国公司的企业社会责任问题，等等）如何回应，如何在走入非洲的过程中真正从非洲的利益着想，切实做到、做好互利双赢。

在对非外交中要摆正"利"与"义"的关系，持有正确的义利观是中国新一届领导集体大力主张和强调的重要对非外交方针。习近平主席 2013 年 3 月访非演讲时曾用"真、实、亲、诚"四个字高度概括中国的对非政策，指出对待非洲朋友我们讲一个"真"字，开展对非合作我们讲一个"实"字，加强中非友好我们讲一个"亲"字，解决合作中的问题我们讲一个"诚"字，引起非洲领导人和民众的强烈共鸣。2014 年 1 月，外交部部长王毅访问非洲时，再次强调

"正确义利观是新时期中国外交的一面旗帜"。他在与塞内加尔外长恩迪亚耶会谈后共同会见记者时指出，"义"是指"道义"。中国古语云，"君子爱财，但取之有道"。中国在同非洲国家交往时应以道义为先，坚持与非洲兄弟平等相待，真诚友好，重诺守信，更要为维护非洲的正当权利和合理诉求仗义执言。"利"是指"互利"。中国在与非洲国家交往时决不走殖民者的掠夺老路，决不效仿资本家唯利是图的做法，也不会像有的国家只是为实现自己的一己私利，而是愿与非洲兄弟共同发展，共同繁荣。在此过程中，中方会更多考虑非洲国家的合理需求，力争通过合作让非洲早得利、多得利。在需要的时候，我们还要重义让利，甚至舍利取义。当年的坦赞铁路是实践正确义利观的一个典范，今天屹立在亚的斯亚贝巴的非盟会议中心则是另一个例证。

总之，无论是厚重的历史（共同的历史遭遇和相互支持），还是半个多世纪以来秉承互相尊重、真诚友好、平等互利这一精髓的中国对非政策，都在非洲国家和人民的记忆深处留下了对中国的美好印象，并强化了他们对中国的固有认识，即中国绝不同于曾对非洲进行殖民统治的西方列强，中国对非洲的帮助是真诚的，不掺杂任何私利。因此，我们只有扛好和举高正确义利观的大旗，中国在非洲的经贸活动才能实现可持续发展。中国政府和中国人民才能够理直气壮，挺直腰板捍卫自己的话语权和软实力。

（二）培育和夯实发展中非关系的新的政治基础，用"中国机遇论"取代"中国新殖民主义论"

新中国成立后的头 30 年处于冷战的国际大背景之下，中非在反帝、反殖和反种族主义斗争中的相互同情和相互支持成为这一时期中非关系最重要和最坚实的政治基础。冷战时期的世界格局表现为美苏两大集团对立。那时中国与美国之间的各种（经济）利益交集非常有限。中国对美国霸权军事挑战的勇敢回击并不会严重伤害到中国的经济发展，反而可以树立起中国在广大发展中国家中"不畏强权"的领导地位。非洲国家刚刚摆脱殖民统治赢得独立，同样不畏强权压力（如支持中国恢复在联合国的合法席位）。

然而，在后冷战和全球化发展的今天，不仅非洲的非殖民地化早已完成，而且其关注的重心已经是如何发展和美国等世界各主要国家的紧密经济联系，早日实现非洲的减贫和工业化、一体化梦想。中国也同样不再把反帝反霸当作第一要务，而是致力于改革开放和建立和谐民主的国际关系新秩序。有鉴于此，中非关系的发展必须要培育和夯实新的政治基础。

从当前的国际背景以及中国与非洲各自面临的发

展任务看，"减贫"和"发展经验交流"应当是新政治基础的两大主题。如何使中国人民实现民族复兴的"中国梦"与非洲人民实现减贫和发展的"非洲梦"相互对接、共同发展和实现梦想，应当是最符合当下中非人民关切的核心问题。因此，在道义高度上确立我们的对非外交目标，帮助非洲实现减贫发展、实现"联合国千年发展目标"和共享全球化成果，应是现阶段我们对非外交最适宜高举的旗帜。

30 年以前，中国的人均 GDP 甚至低于非洲的马拉维和布基纳法索。但 30 年后的今天，中国已成为仅次于美国的世界第二大经济体，中国经济发展成就举世瞩目，而马拉维和布基纳法索仍为世界最不发达的贫穷国家。那么，这一天翻地覆的变化为什么能够在不经历大的社会动荡并且在短短一代人的时间内发生，又是如何发生的？中国由落后变先进的经济发展成功经验和治理经验无疑对渴望脱贫、发展和稳定的非洲国家产生了强烈的吸引力，非洲国家和人民自然有兴趣而且渴望了解和借鉴。

在全球化背景下实现现代化，对于广大的发展中国家来说其实是一个新的课题，各国都在努力探索新的发展模式。中国没有照搬西方的模式，而是根据自身国情有选择地加以借鉴和利用。中国的发展经验的确为其他发展中国家提供了除西方发展模式之外的一个强有力的道路选择。

　　坦率地说和实事求是地看，目前在非洲，既有负面的"中国新殖民主义论"、"中国掠夺非洲资源论"，也有正面的"中国促进非洲发展论"和"中国机遇论"。虽然在一些非政府组织和媒体中存在对中非关系的负面评述和报道，但也不乏积极和建设性的看法。许多非洲的有识之士都认为，虽然中国也到非洲来开采自然资源，但与西方半个多世纪以来免费攫取的做法不同，中国还向非洲提供了基础设施建设和大量投资作为交换。中国在最近30多年的快速发展已经雄辩地说明，非洲不能再把欧美模式看成解决问题的唯一药方。非洲必须牢牢抓住中国的尾巴（当中国往前奔跑，非洲也能随之前进）。中国参与非洲事务是非洲发展的最新机遇（也可能是最后一次历史机遇），非洲必须牢牢抓住，决不能再错过。因此，目前和未来一个阶段中国在非洲话语权建设的任务就是，多多宣传中国发展与非洲发展的共生共荣关系，用"中国机遇论"取代"中国新殖民主义论"，用"中国促进非洲发展论"取代"中国掠夺非洲资源论"。

　　事实上，虽然西方倡导的"民主""自由"和"人权"听起来和看上去比较艳丽，但内容上笼统，实现起来更非易事。比较而言，如果我们紧紧抓住减贫发展、实现"联合国千年发展目标"和共享全球化成果这面道义大旗，不仅在内容上更贴近非洲现实的关切，而且具有可操作性和可以实现的预期性。因此，与其和西方在我们目前不占话语优势的"民主""自由"和"人权"语境上较劲，不如另辟蹊径，在我们最具实际发展优势和发言权，同时也最容易得到发展中国家响应，并且也是国际高度关注议题的"减贫"和"发展"上另筑阵地并占领这一道德高地，从而实现我们的话语权建设。

（三）加大对非援助力度，特别是要增加人道主义援助的比重

20 世纪 70 年代，中国在自己还不富裕的时候就慷慨帮助非洲国家建设了坦赞铁路，并收获了极高的政治美誉和国际话语权。今天的中国已经成长为世界第二大经济体，拥有排名世界第一的外汇储备，而经济发展相对滞后的非洲在"向东看"学习借鉴中国的发展经验的同时，也希望中国能够对非洲经济发展和突发危机提供更多的支持和援助。

2014 年 5 月，中国总理李克强访问非洲并在非盟总部发表讲话时提出，中国将把对外援助的一半以上用于对非援助。随后，李克强总理在参加尼日利亚世界经济论坛非洲峰会时还说，中国和非洲加起来有 23 亿多人口，中非加强互利合作，有助于提升双方

人民的福祉，促进世界经济平衡发展，这本身就是世界上最大的包容性增长。中国帮助非洲一起发展，通过真诚开放、互利互惠的合作使占全世界总人口近1/3 的民众真正从经济增长中受益，实现生活改善，这对世界经济的平衡发展和人类社会的整体进步有极大的促进作用，也是中国大国"责任担当"的重要体现。

提供对外援助是一国履行国际责任、国际义务、国际道德，推动世界和谐均衡发展的重要体现，同时也是提升一国国际形象的有效途径。在对外援助中，人道主义援助又是提升国家软实力、塑造国家国际形象的最重要和最有效的渠道。作为一个新兴大国，中国反击西方对中国外援的批评以及所谓"中国威胁论"陈词滥调的最有效方法就是向遭受突发危机的非洲等地区的不发达国家提供"雪中送炭"式的人道主义援助。

在 2015 年 12 月召开的中非合作论坛约翰内斯堡峰会暨第六届部长级会上，习近平主席提出了中国和非洲的"十大合作计划"，其中"援助和民生"作为重要领域被纳入"十大合作计划"。关注非洲民生、帮助非洲人民就业以及援助非洲，让发展成果惠及非洲民众已成为中国制定对非政策时关注的出发点。"十大合作计划"之一的"中非减贫惠民"合作计划提出，中方将在加强自身减贫努力的同时，增加对非援助，在非洲实施 200 个"幸福生活工程"和以妇女儿童为主要受益者的减贫项目；免除非洲有关最不发达国家截至 2015 年年底到期未还的政府间无息贷款债务。为顺利实施"十大合作计划"，习近平主席宣布中方将提供总额为 600 亿美元的资金支持，包括：提供 50 亿美元的无偿援助和无息贷款；提供 350 亿美元的优惠性质贷款及出口信贷额度，并提高优惠贷款优惠度；为中非发展基金和非洲中小企业发展专项贷款各增资 50 亿美元；设立首批资金为 100 亿美元的"中非产能合作基金"。目前，一大批铁路、公路、港口、机场、供电、供水和通讯等大型基础设施建设正在有序推进。中国提供融资支持和建设的非洲大陆首条电气化铁路亚的斯亚贝巴—吉布提铁路已全线通车，蒙巴萨—内罗毕标轨铁路亦交付使用。中国和东非 6 国共建"东非信息高速公路"已达成共识。此外，中国还加强与非洲的产能合作，让中非成为彼此的机遇，实现互利双赢的可持续发展。中非产能与投资合作论坛频繁举行，中国首次为尼日利亚、多哥等国元首到访举办国别投资推介会，为埃塞俄比亚等国来华开展招商引资搭建平台，鼓励广东、江苏等有实力的多个地方政府到南非、埃塞俄比亚等产能重点合作国家探讨投资合作，同埃塞俄比亚、埃及、尼日利亚、津巴布韦等 6 国签署了国际产能合作框架协议。

此外，加大对非援助力度还是对非外交中正确义利观的生动体现。正确义利观不仅要体现在对非经贸合作时不要见义忘利，尽量让非洲早得利、多得利，而且需要在非洲危难时刻及时伸出援手，即"患难之交见真情"。曾记得，2011 年夏，索马里等非洲之角国家和地区遭受严重旱灾，引发大面积饥荒，引起国际社会高度关注。中国政府急人所难，在短时间内两次宣布向受灾国家提供总计 4.432 亿元人民币的紧急粮食和现汇援助。时间之快、数额之大，在中国对非紧急人道主义援助历史上都是空前的。这些援助不仅有效地缓解了当地的灾情，也是中国对非政策正确"义利观"的最好注脚。

2014 年 3 月以来，西非地区的埃博拉疫情从几内亚爆发后，短短几个月内就蔓延至周边的利比里亚、塞拉利昂、马里、尼日利亚，以及塞内加尔等国家，迄今已导致近 7000 人死亡，感染病例高达 1.6 万多人，被世界卫生组织定性为"人类现代史上最严重和最急性的紧急卫生事件"。在一段时间内，西方一些媒体津津乐道于统计和发表各国承诺而未实际兑现的援助数字，如德国《时代》周报网站 10 月 20 日报道称，"中国为抗击这场瘟疫提供的金钱援助相对较少。例如，欧盟承诺提供 10 亿欧元（1 欧元约合 7.86 元人民币），美国承诺援助 7.5 亿美元"，等等。① 日本《外交学者》杂志也刊文称，"中国如今已是世界第二大经济体，但在人道主义捐助方面则位列世界第 29 名（排在希腊之后，葡萄牙之前）。中国的对外援助中只有 0.4% 用于人道主义。虽然中国的大量外援流向基础设施……但外界总觉得北京不愿为人道主义事业掏钱"②。

　　事实上，在此次抗击埃博拉的全球战役中，中国在医疗物资援助、资金援助以及更宝贵和更急需的人力资源（即中国援非医疗队以及中国的防疫和公共卫生专家）等方面做出的贡献均可圈可点。中国从 4 月疫情爆发开始已经先后分四批提供了总计达 7.5 亿元人民币的援助物资和援助资金。特别值得称道的是，当危险的疫情来临，中国驻疫区国家的医疗队不仅没有抽身逃离，而是选择坚守，与非洲朋友共患难和共同抗击疫情，而且更多的中国医疗专家从国内陆续慨然奔赴非洲抗疫第一线。目前，在疫区工作的中国专家和医护人员已达 700 人次，超过古巴成为全世界派

---

　　① 参见《外媒：中国援非抗埃博拉获红利》，《参考消息》2014 年 10 月 22 日，http：//news. sina. cn/gn/2014 - 10 - 22/detail-ianfzhnh3257 936. d. html？vt = 4&pos = 3。

　　② 参见《日媒：积极抗击埃博拉，北京欲谋求声誉红利》，环球网，2014 年 9 月 18 日，http：//oversea. huanqiu. com/article/2014 - 09/ 5141601. html。

出人员最多的国家。"一方有难八方支援""病魔无情人有情"，当非洲国家遭遇疫情，他们知道中国兄弟会站在他们身边同患难共战斗。这既是中非友谊的真实体现，更是中国大国责任的必然担当。因此外媒有报道认为，"中国的医疗外交正在获得丰厚的政治红利"。塞拉利昂外交部部长高度赞扬中国的帮助是在灾难时期显示出的"真正友谊"。他说："中国慷慨的援助表明，中国是塞拉利昂和非洲国家的真正战略伙伴。中国的形象变得更加高大和正直。"①

（四）话语权建设还需要讲好"中国发展"以及"中国如何帮助非洲发展"这"两个故事"

2014 年 3 月，习近平主席在出访法国及参加中法建交 50 周年纪念大会时曾说："中国人民正在为实现中华民族伟大复兴的中国梦而奋斗。中国梦是追求和平的梦，拿破仑说过，中国是一头沉睡的狮子，当这头睡狮醒来时，世界都会为之发抖。中国这头狮子已经醒了，但这是一只和平的、可亲的、文明的狮子。"② 毫无疑

---

① 参见《外媒：中国援非抗埃收获外交红利，被赞形象高大》，参考消息网，2014 年 10 月 22 日，http：//china. cankaoxiaoxi. com/2014/1022/536350. shtml。

② 习近平主席在中法建交 50 周年纪念大会上的讲话，新华网巴黎 2014 年 3 月 27 日电，http：//news. china. com/zh＿cn/focus/xjpfo/11152899/20140328/18418633. html？pluginnewspush。

问，习主席的讲话当然针对的是国际上那些描黑中国和高喊"狼来了"的势力及声音。

从国际传播的角度看，姑且不论那些从骨子里就看不惯中国人和抱着冷战思维想遏制中国发展的极少部分人，世界上绝大多数公民的价值判断和思维定式形成还很大程度上取决于其日常接触的报刊书籍、媒体资讯、政府宣示、名人演讲，甚至包括影视作品以及口口相传的故事分享，等等。因此，要想在国际受众中树立一个"强大而可亲"绝非"强大但可畏"的中国形象（即中国这头狮子虽然已经醒了并强大，但这是一只和平的、可亲的、文明的狮子），就必须在对外传播中讲好"中国这头睡狮是如何醒的"（中国的发展故事）以及"中国醒狮的和平性、可亲感及文明性"（中国如何帮助相对滞后的非洲实现发展的故事）。这两个故事，一个是改变自己，即中国自身如何发展；一个是帮助别人，即中国如何帮助非洲等地区的其他发展中国家发展。这看似简单的两个"发展故事"及命题，却蕴含着广博和深厚的内涵。要"讲清楚"（当然在行动中更要"做明白"）这两个"发展故事"，就必须在故事的内容和讲故事的方式上（包括讲故事的主体、故事载体）下大和下足功夫。而且讲故事的主体必须从政府转移到民间力量，特别是智库学者以及非政府组织人员身上。

笔者认为，对中国睡狮苏醒过程的国际解读目前存在诸多盲点，比如：中国经济发展是靠牺牲政治自由实现的，中国的人权和民主出现了倒退，经济自由化和政治集权化是一种奇怪的嫁接并且不可持续，等等。因此，这就要求我们在对外传播过程中要针对这些认识误区讲清楚至少以下三个问题：

第一，中国的改革开放是一个综合系统工程，30多年来所取得的经济改革成就与我们所进行的政治和社会改革是同步进行并密不可分的。我们在对外传播中要着重讲清楚，中国的改革绝不仅仅限于单一的经济领域（尽管这一领域发生的变化最显著，也最直观），而是涉及经济体制、政治体制、文化体制以及社会体制等各个方面的全方位的改革。30多年来，正是通过对领导体制、干部用人体制、选举体制（包括党内选举和基层选举）、立法和司法体制、决策体制等诸多权力的监督与制衡方面的渐进式改革，才得以确保经济改革不断向纵深推进以及在剧烈的社会和经济转型过程中各民族之间、社会各阶层之间利益的兼容与和谐共处。尽管在发展的过程中，中国也面临贫富分化、地区发展失衡等诸多挑战，但从历史的纵向发展坐标看，中国人民正享受着历史上前所未有、越来越多的经济、社会和政治权利。这恐怕也正是为什么以发展为导向的"北京共识"能够与以自由化为导向的

"华盛顿共识"同场竞技并日益被越来越多的发展中国家所追捧的原因。

另外，世界历史发展到今天，特别是通过近年来跌宕起伏的北非中东国家的社会转型，人们已经越来越清楚地认识到，"选举"并不是"民主"的代名词，更不是政治变革的唯一标签。各国选择通往民主、自由和发展之路的政治经济发展模式必须与自身的历史、文化、社会环境与背景相适应。中国取得的发展成就并不是照搬或照抄任何西方的政治或经济发展模式而得来的。相反，正是反对西方的干涉，走适合自己国情的发展道路，才保持了中国的社会和政治稳定以及在此基础上的经济发展。

第二，作为一个发展中的转型国家，中国正确处理和摆正了改革（reform）、发展（development）与稳定（stability）这三者间的关系。中国的改革与发展之路是秉着社会稳定优先的原则，采取先稳定后发展，以发展促稳定，以改革促发展，实现改革、发展与稳定之间的协调和平衡。我们在经济领域"以一种先易后难、循序渐进、摸索与积累的方式，从易到难地进行改革，并吸取中外一切优秀的思想和经验"。在改革推进的方式方法上，中国采取的是先搞试点，再根据效果逐步扩大直至大面积推广的"不断试错并及时纠正"（the trial and error method）的"软着陆"方针。

从农村联产承包责任制、乡镇企业发展、国有企业改革到金融领域改革，从计划经济到市场经济过渡的过程中伴随着的就业体制、社会保障体制、收入分配体制、户籍体制等各方面的改革，目的是减缓改革带来的震动对弱势群体的冲击，规避和分散改革的代价和风险。政治领域的改革也同样是在稳定的大前提下逐步扩大政治参与，自下而上地积极推进基层民主选举和党内民主的探索，以最终实现政治平等的目标。因此，当我们回望过去的 30 年，所有的中国人可以自豪地说，中国人民在中国政府的领导下，至少完成了两件人类历史上罕见的大事：一是在短时间内人民的生活水平得到显著提高，国家综合实力显著增强；二是中国确保了人类历史上如此巨大的一个经济和社会转型是在一个相对稳定与和谐的状态下进行并且顺利完成的。在过去的 30 年里，中国没有发生过内战和大的社会冲突，社会稳定与和平发展环境得以维护。

第三，中国的发展经验还表明，拥有一个强有力的、致力于发展的政府以及富有远见卓识的领导人和正确的政策同样是实现发展必不可少的因素。对于转型中的发展中国家来说，这些要素是凝聚全民对于实现现代化的共识、保持稳定并推进改革的重要保证。自 1949 年新中国成立以来，中国在国家安全方面经历过朝鲜战争和越南战争的洗礼，在内政方面经历过

"文化大革命"的浩劫，在外交方面经受过与西方世界几起几落的对抗与缓和，在金融领域也经受过亚洲金融危机以及华尔街金融动荡带给我们的冲击。而中国政府和人民正是在这些冲击和苦痛中历练自己，不断成长。新中国成立60多年来，中国在四代领导人的领导下一步步走到今天。毛泽东主席对于中国作为一个民族国家的统一和团结做出了巨大贡献。改革开放总设计师邓小平不仅带领中国走向了发展的康庄大道，而且打破了领导干部的终身制，引入了集体决策机制。邓小平之后的江泽民、胡锦涛等第三代和第四代中国领导人同样引领着中国人民战胜了若干新挑战，使中国走向了科学发展、和谐发展的现代化之路。在过去的30年，中国政府制定并坚持贯彻了一整套正确的方针政策，如长期坚持低生育率政策、重视基础设施建设、建设经济特区、实施出口导向型的工业化政策，积极参与经济全球化，坚持科学发展观，建设和谐社会，等等。由于大政方针的正确和发展方向的始终不动摇，虽然中国经济在此期间受全球局势的影响也经历过几次大起大落，但每次都在政府强有力的干预和宏观调控下走出阴霾，使国家回到发展的正确轨道。

当然，我们在传播和宣讲成功的中国发展故事和经验时，也不能回避问题，如中国当前仍面临经济持续快速发展所带来的诸如贫富分化、城乡差距、地区发展不平衡、环境污染以及社会保障体制不完善等各方面的挑战。但这些挑战并不是中国所独有，而是很多发展中国家在发展和转型的过程中所共同面对、无法回避的问题。因此，中国在继续深化改革的过程中如何应对这些挑战的经验与教训同样可对其他发展中国家提供借鉴。

另外，在讲述中国帮助非洲发展的故事时，更是需要以大量活生生的事实和身边的例子来印证我们平等互利，共赢发展的非洲观。

（五）大力推进中非民间交往和公共外交，提高中国在非洲的话语权、"软实力"和影响力

相对于贸易和投资额等经济指标可以在短时期内实现大幅提升，推进中非民间交往以及提升软实力和话语权则是一个渐进和润物细无声的过程。新中国成立后前 30 年积累的民间外交经验以及延续至今的一些良好机制和专业人员，为我们重新开启中国的对非民间外交，打下了坚实的基础。

自 2012 年 7 月中非合作论坛第五届部长级会议召开并明确提出"加强中非民间交往"是未来中非合作的五大优先领域之一。2015 年中非合作论坛约翰内斯堡峰会暨第六届部长级会议上，习近平主席提出的

"十大合作计划"包含中非人文合作交流，进一步加强中非民间交往。全国各民间团体均摩拳擦掌，希望能够到非洲一试身手。目前，在中非民间交往的大军中，既有参与力度深且广、参与时间也较长的"中国人民对外友好协会"（1954 年成立，是中非民间交往的元老级开拓者和主力军）和"中国国际扶贫中心"（2005 年 5 月在联合国开发计划署和中国政府共同支持下成立，中国唯一专门从事减贫国际培训、交流与研究的机构），也有近年来开始涉足非洲的扶贫和公益事业的"中国扶贫基金会"（成立于 1989 年的公募基金会）和"中国红十字会"（1904 年成立）。还有与挪威企业协会合作，近年来深入到乌干达、坦桑尼亚、肯尼亚等东非国家，致力于提高中国企业在非洲的企业社会责任的"中国企业联合会"（1979 年 3 月成立的全国性群众团体，目前拥有直属企业会员近 3000 家，联系会员企业 43.6 万家，已经形成了覆盖全国的组织网络体系）。

除了这些历史悠久、自身组织规模庞大，并且一般具有半官方色彩的机构在积极参与或试水非洲以外，国内还有大量草根的、小规模的、完全无官方色彩的非政府组织也把目光投向了非洲。因此，为避免我们在对非经贸合作过程中出现过的扎堆一拥而上、自相竞争或者项目重复、管理无序等弊端的出现，蓄势待发的中非民间交往从一开始就应该建立好管理机制，目前阶段可由"中国民间组织国际交流促进会"（成立于 2005 年，简称中促会，挂靠中联部管理，已经分别于 2011 年、2012 年和 2014 年在肯尼亚首都内罗毕、中国苏州、苏丹首都喀土穆召开了三届规模较大的"中非民间论坛"）牵头，联合上述带"中"字头的核心机构，尽快把相关协调的工作章程和具体组织架构搭建起来，以引导中非民间交往的有序开展。

开展民间交流和公共外交，需重视对智库和市民社会的培育，打造强大的民间交往和公共外交实施主体。智库和市民社会是实施"公共外交"的行为主体，应重视对他们的培育和发展，使其充分发挥"公共外交"对"政府外交"的补充（有时甚至是支撑性的）作用。任何战略和外交方针，都需要能将之付诸实施的行为主体。面对全球化和区域一体化的快速发展和日益多元化的国际关系行为体，单纯依靠官方的政府外交这一个管道已不足以应对，必须以多渠道做工作来应对国际关系行为体的多元化。

西方社会被广泛认为是一个"二级传播"的文化信息消费社会。除正式的官方资讯外，以知识阶层为代表的社会成为全体社会的"意见领袖"，通过书籍、学术研讨会、大学的讲座和课程、学术刊物、网络产品和各种广泛的思想议题引领着公众的思考和舆论的导向，进而对政府决策发挥重要影响。① 在美国，各种核心智库以及重量级的知名"中国专家"对美国对华政策的影响已经为我们所熟知。即便在非洲，自冷战结束以来的非洲多党民主化发展已经催生了愈来愈强大的市民社会力量，他们在主导公众舆论甚至政府外交行为方面的作用也在不断加强。

而在中国，智库的发展则相对滞后。从自身发展的纵向比较，虽然近年来研究机构和研究人员的质量和数量以及对公众舆论、政府决策的影响力都呈上升态势，但无论和世界发达国家进行国际横向比较还是和中国国民经济其他行业的国内行业比较，总体仍属弱势。如果单就非洲研究的智库建设而言，则可谓"弱势中的弱势"，出现了"对非研究力量与中非关系发展和巨大需求之间的不对称关系"。②

开展民间交流和公共外交，还应积极推动包括"夫人外交"和"明星外交"等各种形式在内的公共外交方式。习近平主席 2013 年 3 月访问非洲还让国人以及世界看到和充分领略了"夫人外交"对政府外交的重要补充甚至是提升作用。在短暂和紧张的 10 天访

---

① 参见单纯《打破西方文化垄断靠什么》，《环球时报》2008 年 7 月 18 日。

② 参见贺文萍《非洲研究亟需加强》，《环球时报》2007 年 3 月 29 日。

问行程中，国人的目光以及世界的媒体都追随着中国第一夫人的每一场活动、每一次亮相及着装。她不仅把国产服饰穿出了至美的境界，而且以"国货"作为馈赠外宾的礼物。除陪同习近平主席出席各种外交活动外，作为世界卫生组织防治艾滋病亲善大使的彭丽媛还参加了一系列公益和慈善活动，她访问刚果共和国布拉柴维尔艾滋病收养中心，看望并怀抱婴儿的画面尽展"中国母亲"的慈爱和温情。

习近平主席访非及第一夫人彭丽媛的完美登场，可以说是中国在公共外交和软实力外交方面的一次成功尝试。要向外部世界展示一个真实的中国、一个和平的中国，仅仅依靠经济总量的不断提高或是外交部门的政策宣示或是国务院发布的各类白皮书是远远不够的。中国需要调动包括"夫人外交""明星外交""文化外交"等形式在内的由社会各界广泛参与，并能代表中华文化以及价值观精华的元素，辅之以民众喜闻乐见的传播方式来对外推广。享誉全球的篮球明星姚明、知名电影演员姚晨和李冰冰等近年来都曾前往非洲，为野生动物保护和救济难民担任联合国的亲善大使。他们的靓丽外形、中国背景以及关注主题的普适性和全球性，对于中国在非洲形象的塑造有很大的积极推动作用。

（六）综合运用传统媒体和新媒体的作用，主动塑造中国形象

近年来，我们在对非工作中遇到的挑战，一方面自然与西方的话语霸权和所谓的西方新闻报道"潜规则"（即喜欢关注负面新闻）有关，但另一方面也与我们的舆论宣传主动性不够有很大关系。在对外舆论宣传方面，我们首先要修正所谓的"清者自清""多做少说"甚至"只做不说"或者"好酒不怕巷子深"等消极等待"时间来说明一切"的观念，而是应积极组织有利于我们的舆论宣传工作。一方面，我们要组织力量，编辑出版专题性的英文小册子，全面反映中非友好合作的方方面面，这些印刷精美的英文小册子可以大量印制并在各种涉非的高级别会议（如中非合作论坛、高官对话会以及大型国际研讨会等）、记者招待会或招商引资、产品推介会等场合免费发放（特别是要发放给西方媒体记者）；另一方面，在宣传报道的方式方法上（包括风格和语言的掌握上）要与国际接轨，少用说教和宣传语调，多讲事实和案例，用西方能接受和听得懂的语言全面介绍中非关系。最后，还要重视发挥非洲各界，尤其是非洲媒体的作用。事实上，最有资格和发言权来讨论"中非关系发展"的当然是中国与非洲双方。而让非洲媒体来宣传中国

要胜于我们自己宣传自己，要非洲媒体来驳斥西方谬论要比我们自己来批驳更有说服力。而要做到这一点，我们也需要针对非洲媒体下足功夫，比如邀请非洲记者代表团访华，搞一些新闻交流短期培训班，各中国驻非大使馆不定期邀请驻在国各大报知名记者走访在非从事各种"民生工程"和合作项目的中国企业，增加他们的感性认识，等等。

媒体作为国际关系中的"第四权力"（除政府、政党和军队之外），在信息化的当今世界对一国形象的塑造具有超越其他权力的最强大影响力。当前，中国媒体走进非洲具备良好的受众基础。尽管非洲的草根阶层也对中国产品的质量问题以及中国公司（主要是小规模的私人公司）的劳动条件等颇有微词，但大多数普通民众因从中国的经贸活动以及基础设施建设中直接获益，其对中国人的到来是持欢迎态度的，对来自中国的媒体也并不持有抵触情绪。2008年2月，我在卢旺达调研时，曾偶遇一个在街头轮滑的非洲少年。他引用拿破仑的"中国睡狮论"比喻说，中国睡狮现在醒了，发出的怒吼引发的世界震动他在卢旺达首都基加利都感受到了。但这种震动的感觉很好，给停滞不动的生活带来了新的希望。坐落在卢旺达大学教育学院内的卢旺达"孔子学院"里，也有不少非洲学生在学习中文和中国文化。有非洲学生和我交流说，越来越多的中国公司到卢旺达来投资办厂，学会中文对于毕业后的就业找工作将会是一大竞争优势。记得有一位名叫博都多的学生学习中文特别用心和刻苦，他说他的哥哥就在一家中资公司工作，是哥哥用工资收入资助他上学。他哥哥公司里的中国同事都热情善良、工作勤奋。他跷着大拇指对我说："中国人很好，真棒。"

友善的民意基础来之不易，需要小心呵护。因此，我们迫切需要学习新中国成立后头30年的经验，国家应舍得投资对非宣传和智力支持等"软领域"。其实，对非宣传严格说来还包括对内宣传非洲和对非宣传中国两个方面。对内，除《国际商报》《国际经贸消息报》《经济日报》等传统平面纸媒体应多多介绍非洲国家的投资机会、项目信息以外，电台、电视台等大众传媒和网络等新媒体也应当多正面报道非洲的情况。对非宣传中国的工作则更为重要，需要有专门的部门和专人专款来抓这方面的工作。

最后，中国形象塑造和话语权的建设还需要我们加强在国际事务中的议程设置能力。在全球化迅速发展和世界形势风云激荡的今天，被动跟着西方设置的议事日程和舆论定调走，就难以走出被动式的反应性外交和解释性外交的困境。因此，从长远看，被动应对西方花样翻新的指责，极力解释"我们不是什么

（如'新殖民主义'和'威胁'等）"，还不如加强外交的主动性和对非宣传的"主体性"，主动设置国际对话议程和大力自主宣传"我们是什么（如帮助非洲减贫、南南合作和共同发展，等等）"，明确和突出中国对非政策的特点和与西方的不同之处。

回顾冷战后国际主导议事日程的变化轨迹，我们不难发现，"9·11"事件后，美国以受害者的悲情和复仇心理迅速制定和主导了此后的国际反恐议程。近年来，欧洲国家则逐渐推动和确定了气候变化和环境保护的全球议程，并欲借助此轮国际金融危机推动国际金融体系改革等"全球治理"议程。这正如中央外办副主任裴援平多年前在一次讲话中所说的，当前"在国际上往往谁先提出成套的、成熟的理论或理念，哪怕只是高明的倡议和动议，谁就可能有话语权，有引导性的影响力。这就是文明的力量，智慧的力量"①。这也使笔者想起英国前首相撒切尔夫人曾说过的话。她曾不客气地指出，中国不会成为超级大国，因为中国没有具有国际影响力的学说，中国出口的是

---

① 中央外办副主任裴援平：《关于我国国际战略研究的若干看法》（2008年9月18日在北京大学国际战略研究中心理事会上的讲话），北京大学国际战略研究中心出版《国际战略研究简报》第21期，2008年9月25日。

电视机，而不是思想观念。①

可喜的是，近年来中国也陆续提出了"和平发展（崛起）观""和谐世界观"和"中国梦牵手非洲梦"等理念，以及"中非命运共同体"和"中非利益共同体"等新的概念和理论视角，以及"一路一带"和打造非洲发展的"六大工程"和"三大网"建设等"顶层设计"的发展路线图框架，为全球价值体系的丰富和完善以及非洲未来发展的远景规划做出了我们的贡献。为进一步夯实这些理念的基础和提升全球影响力，我们也应推动"减贫发展""南南合作"等议程设置，召开有关"国际扶贫合作""南南发展合作"以及"绿色发展和社会和谐"（仍要强调"发展"）、"非洲基础设施建设与经济发展"等议程的大型国际研讨会议，并推出相关研究成果，引导国际舆论关注发展中国家的"减贫"和"发展"关切。又由于中国在上述相关领域内的行业比较有优势以及在非洲建设中所发挥的领军作用，从这些议程设置入手可以有效地提升中国在非洲事务中以及中非关系中的话语权，占领国际舆论的高地。

总之，历史是照亮未来的一面镜子。通过回顾新

---

① 参见韩方明《推广中华文化的契机》，新加坡《联合早报》2008 年 3 月 4 日。

中国成立以后前 30 年中国对非战略的实施以及总结那段时期中国对非外交话语权建设所取得的经验，我们可以为当下和未来中非关系的话语权建设提出一些启示性的建议，为中非关系的可持续发展做出我们的一份智力贡献。

六 提高对非传播力，开创
中非合作新时代

    2015 年 12 月 1 日，在举世瞩目的中非合作论坛约翰内斯堡峰会在南非召开的 3 天前，首届中非媒体领袖峰会率先在南非开普敦举行。此次媒体峰会汇聚了来自中国 18 家媒体与来自非洲 47 个国家 120 家媒体的约 130 名负责人，大家就中非媒体在中非合作发展的新时代潮流中如何肩负起加强中非相互了解、促进共同发展、开创合作共赢新时代的使命展开了热烈讨论，并达成广泛共识。实可谓，政治与经济合作，媒体和舆论先行。

（一） 媒体是中非交流互鉴的渠道、民心相通的桥梁

    此次中非媒体领袖峰会得到了中非领导人的高度重视。中国国家主席习近平和南非总统祖马分别向峰会发来了贺信。习近平主席在贺信中说，这次峰会以

"开创中非媒体合作共赢新时代"为主题，中国同非洲各国的媒体人士共聚一堂，开展研讨，交流思想，对巩固和扩大中非友好合作具有重要意义。中非是休戚与共的命运共同体，中非友好合作有助于增进中国与非洲24亿人民的福祉。中非友好的根在人民。媒体是中非交流互鉴的渠道、民心相通的桥梁。①

南非总统祖马也在贺信中说，这次媒体峰会的主题与中非合作论坛约翰内斯堡峰会主题"中非携手并进：合作共赢、共同发展"密切相关，合作共赢是中非合作的关键。媒体扮演着打开中非合作新机遇大门的角色，帮助实现中非的互利双赢发展。媒体的准确报道和平衡视角非常关键，政府需要和媒体合作，找到一种让民众受益的方式。②

两位领导人的贺信均强调了媒体对于促进中非民众间的了解以及推动中非友好的重要意义。的确，"国之交在于民相亲"，而"民相亲又在于心相知"。近十多年来，虽然中非间的政治和经贸纽带日益紧密，但中非关系发展所面对的国际舆论环境却并不尽如人意。不仅在国家政策层面，我们要面对所谓的中国在非洲搞"新殖民主义"和"资源掠夺"等无端指责；而且即便在个人

---

① 《中非媒体领袖论坛举行，习近平、祖马发贺信》，中国新闻网，2015 年 12 月 2 日，http：//www.chinanews.com/gn/2015/12 - 02/765 1018. shtml。

② 同上。

层面，由于缺乏沟通和交流，也由于一些媒体的以讹传讹，中国在非洲的务工人员一度被污称为"囚犯"或"劳改释放人员"。据保守估计，如今在非洲的中国人总数已逾百万。有非洲学者认为，过去10年间来到非洲的中国人比过去400年间来到非洲的欧洲人还要多。大量中国人在非洲的存在，以及一些西方甚至非洲本土的媒体不断把聚光灯对准中国公司（特别是中小私企）乃至中国个体户在非洲的一举一动，用放大镜观察中国人在非洲的所作所为可能产生的任何瑕疵，并以所谓的新闻报道"潜规则"（即"负面及猎奇报道导向为主"，所谓"狗咬人不是新闻"，"人咬狗才是新闻"）来进行舆论导向，客观上导致了中国在非洲的故事是"好事不出门"，而"坏事传千里"。如2013年中国人在加纳的"非法采金"事件①，以及近两年中国人在非洲"走私或倒卖象牙"事件②，等等。

更有甚者，即便没有"负面消息"和"偶发事件"，西方媒体也少有对中国人勤劳工作、严守纪律等

---

① 参见江凝《中国人加纳非法采金背后的残酷现实》，新浪财经，http：//finance. sina. com. cn/column/international/20130606/153615721730. shtml；"Ghana Cracks Down on Chinese Gold Miners"，《纽约时报》2013年6月11日，www. nytimes. com/2013/06/11/world/africa/ghana-cracks。

② 《2名中国人在坦桑尼亚走私706段象牙，被罚3. 26亿元》，参考消息网，2016年3月21日，http：//www. cankaoxiaoxi. com/world/20160321/1105302. shtml。

优秀品质的报道，反而换一个视角称其为"木讷"和
"平庸"。如法国记者 Serge Michel Beuret 在其广为流传
的著作《中国与非洲：北京对非洲大陆的征服》中就
借用北非阿尔及利亚人的口吻说，当地人更偏爱日本
人，认为"日本人讲究严谨的态度受到尊敬。他们散
发着智慧，一种真正的优雅。而中国人显得平庸，他
们只懂得用双手和力气"，以及"刚果人认为中国人
待他们如同奴隶，当他们犯了错误，中国人就用木板
打他们"，等等。①

　　同样，近年来华学习、经商和交流的非洲人也越
来越多，仅在广州生活的非洲人据保守估计就有约 20
万人，并以每年 30%—40% 的速度递增。2013 年，仅
非洲在华留学生人数就有约 3.3 万人。对这样日益庞
大的非洲在华人群，同样也存在中国媒体对之如何报
道、描述和认知的问题。如同极少数中国人在非洲有
走私象牙和非法采金等不法行为一样，在华非洲人也
有极少数存在非法滞留和贩卖毒品等违法行为。因此，
媒体的客观公正报道显得尤为必要，要全力避免"一
黑俱黑"，从个案简单推论甚至刻意渲染为普遍性行为
的不负责任的媒体"宣介"手法。

―――――――――――――――――――――

　　① ［法］Serge Michel Beuret，"La ChinAfrique：Pekin A la Conquete
Du Continent Noir"（《中国与非洲：北京对非洲大陆的征服》，2008 年
版），转引自《黑暗大布局：中国的非洲经济版图》（中译本），台湾早
安财经文化有限公司 2009 年版，第 130 页。

　　总之，中非之间人员往来的频密和参与主体的扩大，以及中非关系发展所面临的严峻国际舆论环境已经倒逼我们必须高度重视媒体在加强中非人民之间的理解与交流、加强中非间民心相通中承担的渠道和桥梁作用。

（二）中国与非洲的媒体才是中非合作故事的生动讲述者

　　近十几年来，虽然"中非关系"迅速成为西方有关中国学研究中的一个热门"显学"，"中非合作"也成为国际舆论报道的热门话题，但遗憾的是，讲述这一"显学"和"热门话题"的主角不是中国媒体和中国学者，也不是非洲媒体和非洲学者，而是在"中国与非洲"这一对关系之外的欧美媒体和欧美学者。有关中非关系的元叙事结构和路径往往首先发端于西方（著名政界人士或者有影响的报纸杂志等出版物），然后经西方媒体的密集以及持续性的炒作后开始向非洲媒体渗透，最后又在非洲的媒体上以非洲人的视角和署名变身出现，久而久之，这些观察和叙事的路径以及结论又通过媒体和学者传达给了普通的受众，慢慢"蜕变"为"民间"的看法和"主流"的"声音"。

　　如近十多年来一直阴魂不散的所谓中国在非洲搞"新殖民主义论"，就缘起于英国前外交大臣杰克·斯特劳的一番话。这位外交大臣 2006 年 2 月访问尼日利亚时，将中国与贫困、地区冲突、恐怖主义等一起列为非洲面临的十大挑战之一，并声称"中国今天在非洲所做的，多数是 150 年前我们（指英、法老殖民主义者）在非洲做的"，"含蓄"指称中国是"新殖民主义者"。以此为开端，一些西方国家的政客、媒体和学者纷纷跟进，从"含蓄"到"直白"，从"间接"到"直接"，批评中国的声音分贝在当年 10 月中非北京峰会后更是大大升级。就连著名的《经济学家》杂志也不甘寂寞，在其 2006 年刊发的一篇文章中煞有介事地写道："大约 600 年前，明朝的航海家到达这个大陆的东海岸，带回了一头长颈鹿以满足皇帝的好奇；今天，中国的船只在同样的航线定期航行，带回了石油、铁矿石和其他商品，以满足一个庞大的经济体发展的贪婪胃口。"①

政客和平面媒体如此，电视和网络等具有声光电效果的立体媒体更是不甘落后。2011 年，在非洲有广泛影响的英国广播公司（BBC）推出了纪录片《中国人来了》（The Chinese Are Coming），从西方媒体的视角描述了中国人在非洲的经贸活动及其影响力。其中描述的一个中国人在赞比亚红红火火地开办养鸡场，

---

① 转引自肖丽丽《中国国家形象在非洲面临的挑战及舆论应对》，《对外传播》2011 年第 8 期。

从而使得赞比亚当地人养的鸡卖不出去的例子简直就是在直观地告诉观众："中国人来了，夺走了你的生意，你破产了！"

另外，欧美出版物主导了"中非合作"的叙事，这不仅影响到普通西方及非洲民众的观点，而且对学术研究的后来者也产生了"先入为主""潜移默化"的作用。笔者曾接触一位来华留学的塞内加尔博士生，他在撰写有关中非关系的博士论文时，因所能检索到的几乎所有英法文文献在大谈特谈所谓的中国"新殖民主义"，他曾苦恼地对我说，他收集到的素材无法得出"中非互利共赢和共同发展"的结论。

因此，由中国与非洲的媒体来做中非合作故事的生动讲述者已迫在眉睫，如箭在弦上，不得不发了。事实上，正如笔者和那位塞内加尔博士生交流时所言，反映中非合作过程中互利互惠、共同发展的事例数不胜数（如中非经贸合作区的建设，中国全面参与非洲基础设施的建设，等等），体现中国对非无私发展援助的故事更是灿若星辰（从 20 世纪的坦赞铁路到 21 世纪的非盟会议中心，从援非医疗队到帮助西非三国抗击埃博拉，等等）。但这里的一个关键问题是讲述这些故事的语言以及传播渠道。毋庸置疑，如果这位塞内加尔博士生能够熟练使用中文来检索中文出版物，那他一定没有缺乏资料的苦恼，因为中文媒体里这样正面积极的报道已经非常丰富。因此问题的关键在于使用英文、法文等主要国际通用语言的媒体报道目前还十分稀缺，而且能够进入 BBC、CNN或者《纽约时报》《泰晤士报》《经济学家》等西方主要电视、报刊渠道的正面报道更是稀缺中的稀缺。那么，我们如何才能克服这一短板，"开创中非媒体合作共赢新时代"呢？

（三）用"丝路精神"打造"互联互通"的新时代中非媒体伙伴关系

虽然短时期内要打破西方通过长期的殖民主义统治和价值观渗透而形成的媒体和话语权优势绝非易事，但也并非等于我们只好拱手称臣、听凭自己的形象由他人涂抹和描绘。正如在中国参与经济全球化的过程中，我们一方面力争扩大包括中国自身在内的新兴国家在现存西方主导的世界银行和国际货币基金组织中的表决权和话语权，另一方面也打造如"金砖国家新开发银行"这样新兴国家自己的金融机制以及以推动地区互联互通为宗旨的"亚洲基础设施投资银行"（亚投行，Asia Infrastructure Investment Bank，AIIB）。在构建新时代的中非媒体伙伴关系的过程中，我们同样可以秉承开放包容和共享的"丝路精神"来打造中非媒体间的"互联互通"，即一方面争取在西方主流媒体上多发表有关中非关系的正面报道，另一方面则积极打造中非媒体的自主平台，通过该平台在国际媒体界影响力的扩大来提高我们的舆论引导力、传播力和公信力。具体说来，主要有以下四个方面的"精神"需要我们尽力把握。

首先是开放与包容、兼收并蓄的丝路精神。在2017年5月"一带一路"国际合作高峰论坛开幕式主旨演讲中，习近平主席从丝绸之路精神出发，以历史与现实两个维度之间存在的鸿沟，阐释了丝路精神与"一带一路"倡议的重要历史与现实意义。丝绸之路千年历史积淀而成的以和平合作、开放包容、互学互鉴、互利共赢为核心的丝路精神，是历史上东西方合作、文明交融、思想互鉴、发展繁荣的重要价值根源，也是当今世界从历史中孕育出的以世界多极化、经济全球化、社会信息化、文化多样化为特征的大发展大变革时代的重要思想基础。可见，丝路精神与时代潮流和历史潮流相契合。这种包容、开放与共享的精神和理念在中非媒体合作中应主要体现为：一则我们并不排斥西方媒体的参与（如"亚投行"同样欢迎西方国家加入一样），中非媒体合作并不具备"排他性"；二则我们愿意学习借鉴西方媒体运营中积累的先进和成熟经验；三则中非媒体合作的平台也是世界性的多元文化平等交流平台。

其次是创新精神。习近平总书记 2016 年 2 月 19 日曾在党的新闻舆论工作座谈会上强调指出："随着形势发展，党的新闻舆论工作必须创新理念、内容、体裁、形式、方法、手段、业态、体制、机制，增强针对性和实效性。要适应分众化、差异化传播趋势，加快构建舆论引导新格局。要推动融合发展，主动借助新媒体传播优势。要抓住时机、把握节奏、讲究策略，从时度效着力，体现时度效要求。要加强国际传播能力建设，增强国际话语权，集中讲好中国故事，同时优化战略布局，着力打造具有较强国际影响的外宣旗舰媒体。"[①] 可见，习近平总书记指出的是三个维度上的舆论创新：一是舆论引导上的综合创新，从理念到内容，从体裁到形式，从方法到手段，从业态到体制机制；二是融合发展下的新媒体实践；三是国际传播中的创新。

近年来，中国媒体以创新思维和手段进入非洲可谓恰逢其时。一方面，西方媒体因国内金融危机的影响纷纷收缩其在非洲的存在；另一方面，非洲经济在过去 10 年中的快速增长催生了非洲媒体开展国际合作的热情。如津巴布韦，自 1995 年以来，西方媒体就开

---

① 《习近平在党的新闻舆论工作座谈会上发表重要讲话》，新华网，2016 年 2 月 19 日，http://news.cri.cn/2016219/9eea7c05-d3de-df82-d025-cb63afcdd00a.html。

始把总部迁至南非约翰内斯堡，没有一个西方国家派出的外派记者驻站工作。近年来，和中国各大报社纷纷扩大驻非记者站编制不同的是，西方大通讯社则掀起的是撤人潮。美联社因财力下降撤人，路透社则是认为非洲的重要性下降而撤人。中国媒体则逆势上扬，如今中国中央电视台英语频道CCTVnews非洲分台的节目已在非洲广受好评。新华社非洲分社采写的稿件也常常被非洲以及国际通讯社采用。① 除了打造CCTVnews、新华社、中国国际广播电台、《中国日报》等外宣旗舰媒体，《人民日报》《科技日报》《经济日报》《北京周报》等媒体均扩大了驻非记者站的规模，有的媒体还开通了微信公众号以及手机网络视频等新媒体传播手段，以创新精神抢占新的舆论阵地和平台。

再次是求真务实的精神。习近平总书记在党的新闻舆论工作座谈会上还指出："真实性是新闻的生命。要根据事实来描述事实，既准确报道个别事实，又从宏观上把握和反映事件或事物的全貌。舆论监督和正面宣传是统一的。新闻媒体要直面工作中存在的问题，直面社会丑恶现象，激浊扬清、针砭时弊，同时发表

---

① 笔者2014年5月5日访问津巴布韦时与新华社哈拉雷分社首席记者许林贵的谈话记录。

批评性报道要事实准确、分析客观。"① 的确，"真实
性是新闻的生命"恐怕是所有新闻专业学生走进课堂
时听到的第一课，新闻人也会经常探讨"全部真实"
与"局部真实"的关系。前述西方媒体（如 BBC 制作
的电视纪录片《中国人来了》）对中国人在非洲情况
的报道可能符合"局部真实"的标准，但绝不是"全
部真实"，更不能反映中国人在非洲的全貌。

　　在讲述中国与非洲合作的历程故事时，我们特别
需要以大量活生生的事实和身边的例子来印证我们平
等互利、共赢发展的非洲观。2016 年春节期间，中国
中央电视台新闻频道在初一至初六的每晚黄金时间段
以每天一集的频率连续播放了六集纪录片《中国人在
非洲》，以大量真实感人的故事，反映了中国企业家、
中国维和战士、援非医疗队员、中国环保志愿者等普
通人在非洲摸爬滚打、抛洒汗水，为中非关系发展默
默奉献的经历和精神。这些真实的故事虽朴实无华，
却比载歌载舞的各频道春节娱乐节目似乎更能锁定观
众的目光，收到了非常好的社会反馈。央视下一步准
备制作英文字幕，把历时一载拍摄的六集纪录片推向
非洲乃至全世界，给全世界观众提供一个与 BBC 纪录

---

① 《习近平在党的新闻舆论工作座谈会上发表重要讲话》，新华网，
2016 年 2 月 19 日，http：//news. cri. cn/2016219/9eea7c05-d3de-df82-
d025-cb63afcdd00a. html。

片不一样的《中国人在非洲》。

最后是交流与分享的"互联互通"精神。中非媒体合作和伙伴关系绝不只是中国对非媒体输出的"单行车道",而是中国媒体到非洲去、非洲媒体到中国来的"双行车道",体现的是"互联互通"精神中关键的一个"互"字。当然,由于非洲国家经济发展总体水平仍较低,无法像中国这样自主向非洲派出规模不断扩大的常驻记者队伍,因此在相当长的一段时期内,媒体"互联互通"的实现就需要中方有更多的资源投入。自 2014 年以来,中国就已通过"中非新闻交流中心"项目,每年接受非洲各国新闻领域的从业人员来中国进行为期 10 个月的交流。通过交流,这些非洲记者既能够以自己的眼睛观察和了解中国,也能够提高新闻采编能力,并用自己的笔来记录和表达这些观察与思考。如参加 2015 年第二期项目的尼日利亚国家通讯社记者 Julius Idowu Enehikhuere 先生在华期间撰写了书稿《非洲记者眼中的中国》(*China in the Eyes of an African Journalist*)。他在书中表示,蒸蒸日上的中国为非洲的发展带来前所未有的机遇,中非应加强各领域合作,实现共同发展。2016 年和 2017 年,"中非新闻交流中心"项目第三期 20 名和第四期 30 名非洲记者先后参加了一年一度的中国全国

"两会"报道，他们不仅是采访"两会"报道的一道独特风景线，而且被法国媒体称为是最受中国政府欢迎的记者。①

2015年12月1日，在南非召开的中非媒体领袖峰会上，与会的中央人民广播电台副台长王晓晖介绍，中央人民广播电台已于2015年7月与"一带一路"沿线国家的多家媒体机构共同发起成立了"一带一路沿线国家广播协作网"，目的是通过驱动不同语言和文明的广播媒体实现互联互通，加强各方在诸多方面的交流与合作。所以对于中非媒体合作，王晓晖副台长建议，可以利用已经搭建起来的"一带一路沿线国家广播协作网"平台优势，在共商、共建、共享的原则下，欢迎非洲广播媒体加入协作网。② 应当说，这个建议就是交流与分享的"互联互通"精神的具体体现。广播节目可以如此，电视媒体以及报纸等平面媒体同样可以做到。假以时日，通过共同努力，合作共赢的新时代中非媒体伙伴关系的建立是可以从梦想变为现实的。

---

① 《22名非洲记者报道两会，法媒称之为最受中国欢迎的记者》，2016年3月17日，参考消息网，http：//china. cankaoxiaoxi. com/bd/20160317/1102741. shtml。

② 《中非媒体领袖峰会在南非举行，与会媒体人谈中非媒体合作》，2015年12月2日，央广网，http：//china. cnr. cn/yaowen/2015 1202/t20151202_ 520657711. shtml。

贺文萍，中国社会科学院西亚非洲研究所研究员，博士生导师。北京大学国际关系学院法学博士。兼任察哈尔学会高级研究员，中国国际问题研究基金会研究员，以及南非斯泰伦博什大学中国研究中心客座研究员、世界经济论坛（非洲）全球议程委员会委员和印度非洲研究学会 *Africa Review* 学术期刊国际编委。长期研究中非关系、非洲政治和非洲国际关系。已出版和发表相关著述和论文200多篇。

袁武，中国社会科学院西亚非洲研究所副研究员，中国社会科学院研究生院法学博士。长期研究中非关系、非洲安全，已出版和发表相关著述和论文几十篇。